작은 긍정의 힘

ONE SMALL YES

by Misty Lown

불가능을 가능으로 만드는

작은 긍정의 힘

One
Small YES

미스티 론 지음 | **김정한** 옮김

이터

"다른 사람들의 삶을 위해 봉사하고 그들의 삶을 풍요롭게 만드는 데 이렇게 집중하고 열정을 보인 사람을 나는 본 적이 없다."

_**데이브 스코겐** 페스티벌 푸즈 회장

"저자는 결과를 만들어내는 리더다. 그녀는 진정성, 투지, 결단력으로 성공적인 사업을 구축하는 방법을 알고 있다. 이 책은 반드시 읽어야 할 책일까? 물론이다!

_**빌 맥더모트** CEO, 베스트셀러 저자

"남들과 구별되는 삶과 사업을 구축하고 싶다면 이 책이 그 길을 보여줄 것이다. 한 번에 하나씩 '긍정의 답'을 하면서 저자가 이루어낸 성과들은 기업가들에게 영감을 준다. 의미 있는 삶을 사는 새로운 방법을 배우면서 영감을 얻고자 한다면 이 책은 당신을 위한 책이 될 것이다.

_대런 하디 〈뉴욕타임스〉 베스트셀러 저자, 〈석세스〉 발행인 겸 편집자.

"이 책은 진작 출간되었어야 하는 책이다. 비록 늦었지만 지금이라도 나오게 되어서 다행이다! 저자는 경험이 가장 중요하다는 것을 잘 알고 있는 뛰어난 사업가다. 말 그대로 댄스 업계의 스티브 잡스라고 할 수 있다. 또한 저자가 사업을 구축하기 위해 사용한 방법은 다른 사업가들에게도 그대로 적용될 수 있다.

_코디 포스터 어드바이저스 엑셀 CEO

"내게 가장 중요한 것은 오늘 할 일을 하는 것이다. 내일은 완전히 새로운 도전들로 가득 찰 것이기 때문이다. 저자는 '행동하는 자'의 본보기다. 나는 저자가 작은 사업체에서 일을 시작해

몇 년 만에 전 세계에 영향을 미치는 사람이 되는 것을 지켜보았다. 이 책은 단순히 저자의 이야기가 아니다. 꿈만 꾸는 것에서 벗어나 행동하기를 원하는 모든 리더를 위한 책이다."

_**마크 A 스파크스** 팀버 크릭 캐피털 회장 겸 CEO

"40년이 넘게 사업을 해오면서 나는 저자 같은 사람을 한 번도 만난 적이 없다. 저자는 나를 비롯해 전 세계 리더들의 성취 기준을 높였다. 그녀가 공유하는 사업적 교훈은 아이디어를 진전시키는 데 도움을 주는 인생의 교훈이다. 이 책은 당신이 어떤 사업을 하건 차별화를 달성하는 실용적인 틀이 될 것이다."

_**데이브 리니거** 리맥스 CEO

"이 책은 영향력을 발휘하고 싶어 하는 사람들을 위한 책이다! 단순히 긍정의 답을 하거나 다른 성공 스토리를 복제한 책이 아니다. 저자는 성공을 향한 자신의 여정을 독자들이 들여다볼 수 있게 하고 긍정의 답을 찾아내는 데 필요한 실용적인 조언을 해준다. 꿈이 있지만 어디서부터 시작해야 할지 모른다면 이 책은 당신이 도전을 수용하고 작은 긍정의(때로는 부정의) 답을 통해 당신만의 성공과 행복으로 나아가도록 인도해줄 것이다.

_**호노리 코더** 베스트셀러 작가

"나는 사업체를 구축하는 일을 평생 해왔지만 저자처럼 놀라운 경험을 한 적은 없었다. 저자는 20년 동안 작은 사업을 하면서 대부분의 사람들이 평생 동안 이룬 것보다 더 많은 것을 이루어냈다. 이 책에서 자신이 어떻게 그렇게 할 수 있었는지를 보여줌은 물론 자신만의 소명을 어떻게 발견하고 따를 수 있는지도 알려준다. 큰 성과를 이루고 당신의 사업으로 사람들을 감탄하게 만들고 싶다면 이 책부터 시작하면 된다."

_**폴 니컴** 패러다이스 캐피털 CEO

"저자는 유용한 정보를 줄 것이다. 이 책은 사업과 삶에서 큰 성과를 이루기 위한 실제적인 전략이 들어 있는 보물상자다. 저자의 활동을 수년간 지켜본 나로서는 그녀의 지혜와 진심에서 많은 것을 얻을 수 있으리라 확신한다." _**토드 던컨** 던컨 그룹 창립자 겸 CEO

"이 책은 바쁜 일을 멈추고 인생에서 해야 할 일을 하라는 가르침을 주었다. 기업가에게 안성맞춤인 책이다. 저자는 진심을 지닌 기업가이자 다른 사람들의 성공을 위해 진정한 도움을 주는 사람이다."

_오스틴 로버슨 스튜디오오너스아카데미닷컴(StudioOwnersAcademy.com) 설립자

"저자는 소명을 따르는 방법과 사업에서 성공하는 방법에 대해 재미있고 진지하게 쓰고 있다. 엄청난 도전에도 불구하고 댄스 스튜디오를 연다는 자신만의 소명을 추구하면서 얻은 교훈을 나누고 있다. 또한 한 번의 작은 긍정의 답을 통해 현재 일주일에 6만 명에게 긍정적인 영향을 미치는 교육 프로그램도 개발했다. 저자는 확실히 차별화를 이루고 있으며 그녀의 이야기는 독자들이 차별화를 이루는 데에도 영감을 준다."

_리처드 (릭) J. 구센 박사 기업가 리더스 협회 회장

"인생에서 어떤 시점, 어떤 위치에 있든 이 책은 자신의 소명을 발견하고 따르는 데 효율적이고 알찬 가이드가 될 것이다. 이

책은 목적을 향한 여정에서 자신이 경험한 것과 다른 리더들의 지혜를 함께 엮었다. 저자의 진정성은 일상생활 이야기에 그대로 드러나 있다. 이 책은 영감을 주기도 하지만 실용적이기도 하다. 이 흥미진진하고 실용적인 가이드에 '긍정의 답'을 해서 더 꽉 찬 삶을 살기를 바란다." **_리처드 B. 아트먼 박사** 비터보대학교 총장

"이 책은 저자가 세상에 주는 또 하나의 빛나는 선물이다. 자신의 길을 잘 가고 있는 사람이든, 자신의 길을 찾고 있는 사람이든, 누구나 읽어야 할 필독서다. 한 번에 하나씩 작은 긍정의 답을 함으로써 평범한 여성이 어떻게 뛰어난 여성이 되었는지를 보여주는 책이다. 나는 저자를 만난 순간 영감을 받았다. 여성 한 명이 혼자서 그렇게 많은 사업체를 꾸리고, 아이 다섯 명을 키우고, 세계를 돌아다니며 다른 사람들에게 영감을 주면서 현실적이고 아름다운 인간으로 살아갈 수 있다는 것에 경탄했다. 저자가 그 여정을 어떻게 걸어왔는지에 관한 겸손한 이야기는 많은 사람이 여정을 시작할 수 있도록 문을 열어줄 것이다."

_리사 하웰 물리치료사, '퍼펙트 폼 물리치료와 발레' 블로그 설립자

"사연 없는 사람은 없다. 저자는 자신의 이야기를 통해 사람들이 자기만의 차별화된 이야기를 만들도록 돕는다. 당신의 재능과 소질을 이용해 당신의 고객과 지역사회에 긍정적인 영향을 미치고 싶다면 이 책은 반드시 읽어야 한다. 저자는 수십만 명의 인생을 변화시키는 데 도움을 주어왔다. 또한 이 책은 당신이 세상에 긍정적인 자취를 남길 수 있도록 실용적인 도구를 제공할 것이다!" _**킨드라 홀** 전략적 스토리텔링 컨설턴트

"이 책은 마음만 먹는다면 당신이 원하는 삶과 사업이 당신의 것이 될 수 있다는 것을 보여준다. 저자의 여정은 영감을 줄 뿐만 아니라 매일 밟는 작은 발걸음을 통해 무엇이든 성취할 수 있다는 것을 보여준다. 더 많은 사람들의 삶에 영향을 미치는 것부터 시작해서 더 많은 성취를 위해 자신의 잔을 가득 채우는 일까지, 인생에서 더 많은 것을 성취해야 할 시기에 있는 사람이 반드시 읽어야 할 책이다. 이 책은 희망의 이야기, 열심히 일한 이야기, 진심의 이야기를 통해 당신의 사업과 인생에 실제로 적용할 수 있는 것들을 제공해 당신만의 성공을 이룰

수 있도록 해준다!" _**클린트 솔터** 댄스 스튜디오 소유주 협회 CEO

"꿈을 꾼 적이 있지만 그 꿈을 잃었다고 생각한다면, 앞으로의 길을 가는 것이 불가능해 보여 멈춘 적이 있다면, 아니면 그냥 완전히 포기한 적이 있다면, 이 책은 당신의 희망을 되찾아줄 것이다. 이 책은 저자가 어떻게 불가능한 꿈을 이루었는가 하는 이야기만 담고 있는 게 아니다. 그 꿈을 이루기 위해 저자가 시도했던 구체적인 방법도 보여주고 있다."

_**에이미 앤더슨** 유캔프리랜스닷컴 CEO, 〈석세스〉지 전 선임 편집자

"저자는 최고의 품격을 지니고 있으며, 이 책은 당신과 당신의 사업이 최전선으로 달려가는 데 도움을 줄 것이다! 작은 사업체 몇 개를 30년 넘게 운영해온 사람으로서 이 정보 가득한 책을 시간 내서 탐독하기를 권한다."

_**스티브 시리코** 댄스 교사 웹 & 드발바/시리코 댄스 음악센터 설립자

"저자는 성공을 건축하는 사람이다. 우리와 함께 우리 꿈의 청

사진 속을 다니며 우리의 구조가, 토대가 탄탄한지 점검해준다. 이 책은 성공한 인생을 갖기 원하는 사람을 위한 게임 체인저다."

_**미셸 브로건** 댄스 레볼루션/에피센터 포 아츠 설립자

"나는 내 열정과 목표가 무엇인지 발견함으로써 삶에서 의미를 만들어내기 위해 끊임없이 도전한다. 이러한 중요한 진실을 알게 되면 우리는 재능을 이용해 의미 있는 영향을 미치고 최선의 존재가 될 수 있다. 당신이 이 책에 나온 생각을 공부하고 실천한다면 당신의 인생은 바뀔 것이라고 믿는다."

_**브래드 페더슨** 테크포키즈 CEO

13

한 번에 하나씩
작은 긍정의 답

　　위대한 이야기는 모두 '예스'라는 작은 말 한마
디에서 시작된다. 리더나 기업가의 생각을 담은 다큐멘터리를 보
거나 전기를 읽는 것은 즐거운 일이다. 한 인물에 대한 이야기를
통해 그 사람을 움직이는 동력이 무엇인지 볼 수 있다. 브랜드를
구축하거나 사업을 일으키고 대담한 도전을 하면서 겪은 역경도
볼 수 있다. 변화를 만들어낸 사람들, 그들이 결국 명성을 얻었는
가 혹은 성공했는가는 중요하지 않다. 내가 매료된 점은 단 한 가
지, 그들이 작은 긍정의 답을 계속했다는 점이다.

다큐멘터리에서 보았거나 책에서 읽은 모든 영웅은 많은 순간 '예스'를 택했다. 그 '예스'는 자금이나 역량이 부족했음에도 사업을 시작하는 한마디였을 것이다. 때로는 말도 안 되는 불리한 상황에서도 일을 계속할 수 있었던 한마디였을 것이다. 때로는 쓰러진 후에도 다시 일어서는 한마디였을 것이다. 때로는 별것 아닌 것처럼 보이는 작은 '예스'가 성공하느냐 도중에 포기하느냐의 차이를 만들어낸다. 영웅들의 이야기에서 내가 가장 마음에 드는 순간은 예상과 다른 결정을 내린 순간들, 궁지에서 벗어난 순간들, 한 발 더 앞서간 순간들이었다!

내가 작은 긍정의 이야기에 관심을 가지는 것은 어떻게 보면 자연스러운 것이다. 우리 부모님은 도움이 필요한 사람들을 위해 가장 먼저 손을 들어 '예스'라고 말하는 사람들이었다. 동네에 아픈 사람이 있으면 어머니는 굴라시(헝가리의 스튜 요리)를 그 집 문 앞에 놓아두었다. 불이 난 집이 있으면 집안의 물건을 나눠주었다. 가까운 이웃이 가스레인지 폭발로 심각한 화상을 입었을 때는 우리 집 거실에서 지내게 해주었다. 그 이웃은 4개월 동안 우리 집 거실에서 지내며 건강을 회복할 수 있었다.

아버지 역시 긍정하는 태도는 크게 다르지 않았다. 다만 긍정을 표현하는 방법이 약간 달랐을 뿐이다. 물건을 고쳐주고 도구를 빌려주고, 다른 사람 대신 사다리에 올라가는 것이 아버지의 특기였다. 나는 TV 드라마 주인공인 맥가이버도 물건을 고치는 데 있어서는 우리 아버지를 따라가지 못할 것이라고 농담처럼 말하곤 했다. 강인한 힘이나 부언가를 판단할 혜안이 필요하다면 우리 아버지가 바로 그런 일을 해줄 사람이었다. 1980년대에 일어난 미국의 농작물 흉작 사태를 기억하는가? 아버지는 윌리 넬슨이 농민들을 위한 위로 콘서트를 열기 전부터 농장들을 돕기 위한 바자회를 시작했다. 긍정의 답은 유전인 셈이다.

우리 부모님은 좋은 일에 긍정의 답을 하는 성향을 타고났음은 물론이고, 상황이 좋지 않을 때도 결정적인 순간에 긍정의 답을 하려는 의지를 가지고 있었다. 실직, 경제적 곤란, 이혼, 심지어 개인적 역경에 직면할 때도 '포기'는 선택지에 없었다. 부모님은 늘 하던 일을 했다. 하지만 그들의 일생을 보며 나와 여동생은 작은 긍정의 답이 얼마나 중요한지 이해하게 되었다.

한 가지 기억이 떠오른다. 나는 중학생이었고 거실에 숨어서

부모님이 식탁에 앉아 나누는 대화를 엿듣고 있었다. 트럭 운송 회사의 운전기사였던 아버지는 마흔 살이던 당시에 일자리를 잃었다. 우리 가족의 생활이 좀 바뀌긴 하겠지만 그렇다고 그리 극단적인 상황은 아니었다. 그러나 아버지는 가족의 생계를 위해 철도 배수로라도 파겠다고 담담하게 말했다.

그리고 아버지는 실제로 그렇게 했다. 배수로를 파는 일에 대해 긍정의 답을 한 뒤 아버지는 방송통신대학에 다니며 새로운 사업을 익혔다. 그것으로도 수입이 충분하지 않자 어머니는 스스로 밤에 바텐더로 일하는 것에 긍정의 답을 했다. 그런 다음 어머니는 가정부로 일하는 것에도 긍정의 답을 했다. 부모님은 이혼을 하고서도, 서로의 차이에도 불구하고 나와 여동생을 기르기 위해 같이 일하는 것에 긍정의 답을 했다.

날마다 직면하는 과제에 긍정의 답을 하는 부모님으로 인해 내 DNA에 작은 긍정이 깊숙이 박혔다. 또한 어떤 상황에서도 어김없이 긍정의 답을 하는 부모님의 의지는 나에게도 인내심을 키워주었다.

어머니의 신념과 아버지의 긍정적 태도는 내가 인생을 바라

보는 관점에도 지대한 영향을 주었다. 그렇지 않았다면 내반족(발이 안쪽으로 휘는 병)을 지니고 태어나 꿈도 없이 10대를 보낸 소녀가 어떻게 댄스 스튜디오를 열 수 있었겠는가? 어떻게 수많은 아이들에게 긍정적인 영향을 줄 수 있었을까?

내가 여기까지 온 여정은 거의 불가능에 가까운 것이었다. 다음과 같이 아주 작고 흔치 않은 긍정의 답들을 엮고 감아서 만든 것이었다.

- 발이 휘고 다리 길이가 눈에 띄게 다름에도 불구하고 댄스라는 도전에 긍정의 답을 했다.

- 고등학교 때 학비를 벌기 위해 고교생이 흔히 하는 아르바이트 대신 마을에서 일일 댄스 교사가 되는 일에 긍정의 답을 했다.

- 두려웠지만 뉴욕에 있는 세계적으로 유명한 앨빈 에일리 아메리칸 댄스 센터의 트레이닝 프로그램 오디션을 보는 일에 긍정의 답을 했다.

- 대학 졸업 후 앨빈 에일리 아메리칸 댄스 센터에서 일자리를 얻는 대신 댄스 스튜디오를 여는 데 긍정의 답을 했다.

이 책을 쓰고 있는 지금도 나는 여전히 한쪽 다리가 더 짧은 상태이며 양 발이 다른 모양으로 휘어 있다. 그럼에도 불구하고 나는 댄스 스튜디오를 운영하면서 매년 750여 명의 학생들을 가르친다. 또한 미국, 캐나다, 호주, 아루바, 두바이 등에 있는 164개의 댄스 스튜디오와 협력 프로그램을 만들어 매주 6만 명 이상을 가르치고 있다.

나는 온라인 댄스 잡지도 시작했다. 매월 수많은 10대가 방문하고 있다. 댄스 경연대회와 댄스복 매장도 시작했다. 남편과 나는 각자 사업체와 부동산회사를 가지고 있다. 게다가 경이롭고 활기 넘치는 아이들이 다섯이나 있다. 이쯤 되면 내가 전 세계로 강연과 교습을 다닐 때 "어떻게 그렇게 하시죠?"라는 질문을 자주 받는다고 해도 조금도 이상할 것이 없다.

그런 질문을 자꾸 받다 보니 좀 혼란스러웠다. 대답은 너무나도 간단했기 때문이다. 내가 어떻게 그것을 다 했냐고? 나는 그저 작은 '예스'를 외쳤을 뿐이다. 나는 아이들을 가르쳐달라는 부름에 응했다. 업체에 날마다 모습을 나타내달라는 요청에 응했다. 내 사업을 확장해달라는 요청에 응했고, 어려울 때 아주 조금만 앞으로 나아가자는 데 응했다. 적절한 시기에 거절하라는 말에도 응했다.

나는 실제로 그것을 '한다'기보다는 그것이 이루어지게끔 '예스'를 말할 뿐이다. 매순간 작은 긍정의 답을 하는 것이다. 만약 내가 진행 중인 일이 얼마나 엄청난 것인지, 내가 가진 아이디어가 얼마나 불가능해 보이는지, 아이들 저녁을 준비하는 게 얼마나 힘든지를 생각한다면 나는 아마 아무것도 시작할 엄두를 못 낼 것이다. 하지만 그저 다음에 할 일에 작은 긍정의 답을 하는 것은 어떤가? 그건 충분히 가능하지 않은가?

내가 무모한 일을 하는 게 아니다. 그저 우아하면서도 대담하게 매순간 작은 긍정의 답을 하며 인생을 항해하는 방법을 발견했을 뿐이다. 또한 그 과정에서 내 안의 작은 세계를 변화시켰다.

당신도 그렇게 할 수 있다. 당신의 꿈과 희망과 욕망은 무엇인가? 표현을 하던 하지 않던 누구나 꿈과 희망과 욕망을 가지고 있다. 어린 시절 기억의 모퉁이에 도사리고 있을지도 모른다. 혹은 성인이 된 뒤 형성된 생각의 중심에서 울부짖고 있을지도 모른다. 이것이 당신의 소명을 따르는 시작이다. 소명이란 개인적 삶의 목적을 실현하면서도 사회적으로 의미 있는 일을 발견하는 것이다. 그 소명이 무엇이든, 당신에게서 작은 긍정의 답이 나오게 할 만한 가치가 있다. 우리 모두 그렇게 할 수 있다. 한 번에 하나씩, "예스"라고 답할 수 있다.

당신의 소명을 발견하는 일에 긍정적으로 답하라.

당신의 새로운 계획을 막는 방해물에 직면하는 일에 긍정적으로 답하라.

당신의 소명을 향해 움직이게 할 날마다의 선택에 긍정적으로 답하라.

당신의 소명을 포용하는 데 도움이 될 도구에 긍정적으로 답하라.

어려운 시기에 전진할 수 있는 작은 용기에 긍정적으로 답하라.

쉴 필요가 있을 때는 휴식하는 것에 긍정적으로 답하라.

이 책을 읽으며 여러분은 자신만의 소명을 발견하게 될 것이다. 또한 소명을 추구하는 과정에 직면할 방해물을 처리하는 방법도 배우게 될 것이다. 나는 진정한 휴식이 필요할 때 중요한 활동들의 우선순위를 정하는 '매일의 긍정'과 실질적인 전략을 공유할 것이다. 긍정의 답을 할 때는 관습적이지 않아도 된다는 것도 보여주고자 한다. 또한 때로는 부정의 답이 가장 교묘한 긍정의 답이라는 점도 알려줄 것이다.

언젠가는 당신에 관한 다큐멘터리를 보게 되는 것이 나의 소망이다. 60분짜리 특집 다큐멘터리는 당신이 얼마나 용감하게 긍정의 답을 했는지 보여줄 것이다. 날마다 일어나는 선택의 게임에서 어떻게 긍정의 답을 했는지도 보여줄 것이다. 지속적인 도전에 직면했을 때 어떻게 긍정의 답을 했는지도 보여줄 것이다. 당신은 틀에 박히지 않은 지혜를 말해줄 것이다. 어떤 일에 긍정의 답을 해야 하는지를, 긍정의 답으로 현명하게 거절하는 방법을 말해줄 것이다. 포기하는 것 외에는 달리 할 수 있는 일이 없는 순간이 왔을 때, 당신은 "한 번만 더 예스를 외치자"는 말을 듣게 될 것이다. 그러면 한 걸음 더 내딛고, 하루 더 전진하고, 한 번 더 시도하게 된다.

당신은 결국 성공을 거둔 후 "어떻게 성공할 수 있었죠?"라는 질문을 듣게 될 것이다. 그러면 당신은 미소를 지으며 이렇게 대답할 것이라고 나는 확신한다.

"저는 한 번에 하나씩 작은 긍정의 답을 했을 뿐입니다."

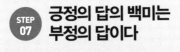

긍정의 답의 백미는 부정의 답이다

STEP

01

나만이 남길 수 있는
흔적을 찾아서

ONE small YES

인생이나 사업에서 남들보다
성공하고 싶다면 자신의 소명이 무엇인지
이해하는 것이 가장 중요하다.

ONE Small *yes*

'예스.' 이 작은 대답이 지닌 위력은 실로 엄청나다. 이 말은 어떤 일의 시작이고, 어떤 행동의 개시이며, 어떤 중요한 것에 대한 약속이다. 이 작은 긍정은 마음에서 우러나는 약속 혹은 세상에 외치는 선언일 수도 있다. 마음속에서 나온 확신이건 외부에서 온 확신이건 상관없다. 뭔가에 대해 긍정하는 대답을 하면 우리 자신, 우리가 만나는 사람들, 우리가 살고 있는 이 세계에 흔적을 남길 수 있다. 여기서 묻고 싶다.

"당신은 어떤 흔적을 남기고 싶은가?"

많은 사람이 이 세상에 흔적을 남기고 싶어 하지만 다 그렇게 할 수 있는 것은 아니다. 그에 대한 변명은 아주 많다. 지식이 없다. 시간이 없다. 정보가 없다. 자료가 없다. 학력이 짧다. 영향력이 없다. 자녀가 너무 어리다. 직장 업무가 산더미다, 자금이 부족하다. 빚이 많다. 뭘 해야 할지조차 모르겠다. 능력이 없다. 머리가 좋지 않다. 강한 성격이 아니다. 용기가 없다. 계획성이 없다. 전문성이 없다…….

이제 이런 변명들은 집어치우자!

—

당신의 능력은 충분하다!

당신이 지금까지 이루어낸 모든 성과는 당신이 그만한 능력을 갖췄기 때문에 가능했다. 물론 그런 능력을 갑자기 갖게 된 것은 아니다. 그런 능력이 하루아침에, 혹은 1년 만에 속성으로 만들어진 것도 아니다. 아주 작은 한 걸음, 한 번에 하나씩 내리는 아주 작은 긍정의 결정 덕분에 꾸준하게 전진해왔다. 그렇게 이 세상에서 오로지 당신만 만들어낼 수 있는 흔적을 남기고 있는 것이다.

인생이나 사업에서 남들보다 성공하고 싶다면 자신의 소명이 무엇인지 이해하는 것이 가장 중요하다. 소명이 없다면 당신은, 그것도 혼자서, 이 세상에 남기고자 하는 흔적을 만들어내지 못한다. 그렇다면 당신을 잠 못 이루게 하는 것은 무엇인가? 어떤 것이 꿈속에서도 나타나고, 늘 머릿속에서 떠나지 않고, 각별한 주의를 기울이게 만드는가? 만약 앞으로의 인생 여정에서 시간과 자원이 무한정 주어진다면 당신은 무엇을 추구할 것인가?

아마도 당신은 이 세상에서 다음과 같은 것들은 흔적으로 남기고 싶을 것이다.

꿈

아이디어

목표

비전

희망

프로젝트

의무

야망

하지만 나는 소명에 대해 말하고 싶다. 꿈, 아이디어, 목표 등은 시간이 흐르면 바뀔 수 있다. 희망은 잃어버릴 수 있으며 프로젝트는 보류될 수 있다. 비전은 어두워질 수 있으며 목표는 이동할 수 있다. 야망은 잃어버릴 수 있고 의무도 변할 수 있다. 하지만 소명은 어떠한가? 소명은 다르다. 소명은 부인할 수 없는 것이다. 소명은 당신이 답을 할 때까지 계속 당신을 따라다닐 것이다.

—

자신의 소명을 찾아라

소명은 대체 어디서 찾는 걸일까? 당신의 소명은 DNA 속에 깊이 내장되어 있다. 내 말이 믿기지 않는다면, 자신의 어린 시절을 되돌아보자. 소명은 아주 어린 시절의 기억에서부터 지금 이 순간까지 연속적인 단서로 엮여서 남아 있다. 당신은 어린 시절에 무슨 놀이를 했는가? 무슨 일을 하며 시간을 보냈는가? 학교에서는 어떤 과목을 좋아했는가? 어떤 TV 프로그램을 즐겨 보았는가? 어떤 일에 화가 났는가? 어떤 일에 미소가 피었는가? 어떤 일 때문에 곤경에 빠졌는가? 《헨젤과 그레텔》의 이야기에서처럼 당신의 소명은 단서들로 구성된 경로를 남겼다. 그 경로를 따라 출발지로 가기만 하면 된다.

나는 내 소명이 명확해졌던 순간을 기억하고 있다. 하지만 출발부터 명확했던 것은 아니다. 당시 스무 살의 대학생이었던 나는 스페인어를 전공하면서, 동시에 여러 지역의 댄스 스튜디오에서 방과 후 댄스를 가르치고 있었다. 스페인어를 배우는 건 좋았지만 스페인어 교사가 되려는 계획은 없었다. 스페인어 학위를 가지고 무엇을 해야 할지도 몰랐다. 학점은 그럭저럭 받았지만 집과 학교만 왔다 갔다 했기 때문에 의미 있는 인간관계를 만들지는 못했다. 나는 탈출구를 찾고 있었다.

절실한 마음으로 나는 내 머리에서 가장 논리적인 생각을 짜내어 내 인생에서 어떤 일을 할 수 있을지 목록을 작성했다. 그 중에서 내가 가장 흥미를 느낀 것은 목록에서 가장 먼저 적은 문장이었다.

"프로 댄서 되기."

나는 스스로의 미래를 그렸다. 매일 댄스 수업에 참여하고 몇 시간 동안 단체 리허설을 하며 땀을 흘리는 모습이었다. 마치 극장 냄새가 나는 것 같았고 무대 위의 밝은 조명도 보이는 듯했다. 솔직히 말하자면, 내가 실제로 댄서가 되고 싶다고 확신한 것이었는지 혹은 그저 대학에 다니기가 싫었던 것인지는 잘 모르겠다. 어느 쪽이든 나의 눈은 뉴욕 시의 밝은 조명을 응시했다.

이야기를 더 진행하기 전에 배경을 잠깐 설명해야겠다. 우선, 당시는 1990년대 중반이었다. 당시 나는 인터넷도 사용하지 않았고 휴대폰도 없었다. 학교 컴퓨터실에서 몇 시간 동안 줄을 서서 들어가 리포트를 썼다. 나는 재능을 살릴 기술도 없었고 이력서에 적을 학점도 따지 못했다. 내가 가진 것이라곤 단지 뉴욕 시에 있는 '앨빈 에일리 아메리칸 댄스 센터Alvin Ailey American Dance Center'의 트레이닝 프로그램 오디션 날짜가 적힌 댄스 잡지뿐이었다. 휴대폰이나 인터넷도 없이 용케도 비행기를 탔다. 미국에서 가장 유명한 댄스 학교에 걸어 들어가 9개월짜리 트레이닝 프로그램을 위한 오디션에 참가할 용기만 가득했다.

나는 치열한 오디션을 치렀다. 그들이 내 서류를 잃어버리는 바람에 나는 마지막까지 로비에 남아 있어야 했다. 그리고 마침내 그토록 기다리던 "합격!"이라는 답을 들었다.

나는 9개월짜리 프로그램에 합격하는 게 프로 댄서가 되려는 내 유일한 목표에 다가가는 첫걸음이라고 생각했다. 그래서 2주 후 앨빈 에일리 아메리칸 댄스 센터가 우리 마을에서 2시간 떨어진 곳에서 공연을 한다는 소식을 들었을 때 차를 몰고 가서 나의 미래라고 확신하는 장면을 살짝 엿보았다.

나는 극장에 홀로 앉아 운동성과 예술성이 에일리의 가장 상징적인 형태로 소생하는 것을 지켜보았다. 그때 갑자기 내 인생의 진정한 목적이 하나로 모아졌고, 마음속에서 부드러운 목소리가 들려왔다. 그 목소리는 조용히 나에게 질문을 던졌다.

"참 멋진 장면이지만, 지금부터 1년 후 너는 이 공연을 얼마나 기억할 수 있을까? 비교해서 생각해봐. 네가 가르친 아이들은 너의 수업을 얼마나 기억할까? 또 너는 그들에게 무엇을 가르쳤는지 얼마나 기억할까?"

내 눈에는 눈물이 가득 고였다. 몸을 의자 속에 파묻었다. 진실은 분명했다. 수년 후면 나는 이 공연의 세세한 부분을 기억하지 못하게 될 것이다. 하지만 내가 매일 가르쳐온 학생들은 일생 동안 내가 매일 북돋아준 용기를 기억하게 될 것이다. 나는 춤을 추고자 하는 꿈을 좇아왔지만 춤을 가르치는 소명은 무시해왔다는 점을 깨달았다.

마지막 커튼이 내려왔을 때 나는 자리에서 일어났다. 내가 무엇을 해야 할지 알았다. 집으로 돌아왔을 때 어떻게 했는지는 잘 기억나지 않지만 한 가지는 기억난다. 나는 다음 날 에일리에 전화를 걸었고 수업에 가지 않을 것이라고 말했다.

내 소명은 분명했다. 내가 활동할 무대는 교실이었다.

나는 약 20년 동안 이 소명을 따라왔다. 한 번에 하나씩 긍정의 답을 하면서 말이다. 그것은 내가 바랐거나 상상했던 것 이상의 결과를 낳았다. 지난 20여 년 동안 나는 교실 안팎의 학생들을 독려함으로써 그들이 영원한 가치를 얻는 것을 보았다. 그들이 재능과 재주를 활용해 지역사회에 봉사하도록 멘토링했던 것이다.

나는 개인 사업을 하면서 우리 가족을 고용했기 때문에 가족도 즐거워했고 기업가라면 마땅히 감수해야 할 희생을 배우기도 했다. 내가 고용한 사람들은 완전한 혜택과 더불어 의미 있는 일을 얻었다.

내가 운영하는 사업체는 지역 적십자에 40만 달러를 모금해주었다. 또한 학생들과 교사들에게 25만 달러 이상의 장학금을 전달했고, 여러 지역단체에도 기부금을 냈다. 나는 신설된 지역 극장에도 기부했으며 '보이스 앤 걸스 클럽'과 파트너십을 맺고 그곳에서 춤을 가르치는 일도 처음 시작했다. 나의 댄스 스튜디오에서 만든 협력 프로그램으로 수많은 댄스 스튜디오 운영자들이 사업을 일으키면서 지역사회에도 공헌할 수 있도록 도왔다. 지난달에는 어린 댄서들에게 긍정적인 메시지를 주는 우리 온라인 매거진 사이트에 100만 명이 넘는 학생들이 방문했다.

나의 수업을 들은 수많은 아이들이 나에게 "선생님은 한 인간으로서 소중하고 대단히 가치 있는 분이세요"라고 말한다. 수년 전 극장 뒤에서 나의 소명에 작은 긍정의 답을 하지 않았다면 결코 이런 소리를 듣지 못했을 것이다. 나의 사업을 통해 장학금과 지역사회 기부금도 내지 못했을 것이며, 수많은 댄스 스튜디오 운영자들은 여전히 사업을 운영하는 데 애를 먹고 있을 것이다. 전 세계의 수많은 댄서들은 유용하고 용기를 주는 메시지를 전달하는 온라인 매거진을 구경할 기회를 놓쳤을 것이다. 수년 선 낸스를 가르치는 일에 작은 긍정의 답을 하고 나 자신의 댄스 스튜디오를 개설하지 않았더라면 내 가족, 직원들, 내가 몸담은 지역사회, 내가 종사하는 업계는 크게 다른 모습이었을 것이다.

소명에 대한 강력한 감각을 가지는 일은 중요한 인생을 만드는 데 결정적인 영향을 미친다. 자신이 가장 좋아하는 일이 무엇인지 알거나 자신이 태어난 목적이 무엇인지 알게 되면 이 세상에 보다 큰 영향을 미칠 능력을 가지게 된다. 꿈과 희망보다 더 큰 자신감을 가지고 일하게 되기 때문이다. 또한 몸에 맞지 않는 옷을 입은 것처럼 다른 사람들의 기대나 관심에 부응하는 대신 자신의 정체성을 깨닫고 강력한 자기 인식을 기반으로 자신의 삶을 구축하게 될 것이다. 당신에게는 당신에게 맞는 소명이 있다. 오로지 당신에게만 맞는 소명이다. 그것이 당신만이 할 수 있는 차이를 만들어내는 핵심이다.

—

내가 누구인지를 먼저 알아야 한다

교사가 되는 대신 전문 댄서가 되는 꿈을 추구하고 있을 때 나는 정체성 위기를 경험했다. 아마 독자들도 비슷한 상황에 처한 적이 있을 것이다. 자신이 누구인지가 아니라 자신이 하는 일에 더 신뢰를 가지는 때가 있다. 그러나 이 세상에서 오로지 당신만이 할 수 있는 일은 당신이 누구인지와 관련되어 있다. 당신이 무슨 일을 하고 있는지는 그리 중요하지 않다.

이 둘 사이에 큰 차이가 없어 보일 수도 있다. 우리의 일상 대화만 봐도 그 차이가 모호하다. 예를 들어, 누군가를 처음 만날 때 의례적으로 이름과 인사를 주고받은 후 그다음에 나오는 말은 대부분 "그런데 무슨 일을 하시죠?"다.

정보를 분류하려는 것은 우리의 마음에 내재된 욕망이다. 우리는 사물이나 사람들을 다음과 같은 방식으로 분류해서 연결하려고 한다. 안전하다/불안전하다, 흥미롭다/지루하다, 친구다/적이다 등이다. 이는 자기 보호의 현대적 방식이다. 우리는 더 이상 야생에서 곰이나 다른 포식자들로부터 도망치지 않아도 된다. 하지만 먹이사슬은 여전히 존재하고, 우리는 본능적으로 가능한 빨리 자신이 그 먹이사슬에서 어느 위치에 있는가를 알아내려고 한다.

하지만 이 모든 정보 분류가 바로 우리를 정체성 위기로 이끈다. 우리는 직업을 가지고 다른 사람을 분류하는 것은 물론 우리 자신도 직업을 기준으로 분류한다.

더 구체적으로 살펴보자. 다음은 내가 늘 하는 일을 적은 목록이다.

1. 750명의 아이들 회원을 거느린 댄스 스튜디오를 운영한다.

2. 전 세계 164명의 댄스 스튜디오 운영자들을 지도한다.

3. 잡지에 글을 기고한다.

4. 중요한 연설을 한다.

5. 이사회에 참여한다.

6. 아이들의 운전기사 노릇을 한다.

7. 가족과 저녁을 먹는다.

여기까지는 내가 대부분의 시간을 쓰는 일이다. 그리고 다음은 '내가 누구인가'에 대한 답이다.

1. 교사이다.

2. 비즈니스 코치이다.

3. 작가이다.

4. 커뮤니케이터이다

5. 자원봉사자이다.

6. 부모이다.

7. 아내이다.

나의 댄스 교실이 없어지더라도 나는 뭔가를 가르칠 것이다. 여전히 천성적으로 교사이기 때문이다. 만약 댄스 스튜디오 운영자들을 지도하는 일을 중단하더라도 나는 다른 사업자들을 지도할 것이다. 나는 더 이상 잡지에만 글을 기고하지 않는다. 또한 기조연설을 하지 않게 되더라도 커뮤니케이션 일에는 열중할 것이다. 나는 더 이상 연설을 할 무대가 필요하지 않다. 내 아이들이 언젠가 집을 떠나더라도 나는 여전히 항상 부모이자 아내일 것이다.

잠시 시간을 내어 다음 문장을 큰 소리로 읽어보기 바란다. 소명이 남들과 다른 인생을 만들어주는 만큼 소명을 파악하는 데 가장 중요한 것은 자신이 누구인지 아는 것이다. 다음 공식을 기억하자.

나의 정체성 = 나의 소명

나의 소명 = 이 세상에서 내가 만들어낼 차별화

때로는 자기 삶에서보다 다른 사람의 삶에서 이 방정식이 더 잘 보이기도 한다. 월트 디즈니를 예로 들어보자. 디즈니는 창조를 위해 태어난 사람이다! 그는 자신의 소명에 긍정의 답을 했고, 이사회의 지원은커녕 친형에게서도 도움을 받지 못했지만 자기 힘으로 돈을 벌어 '지구상에서 가장 행복한 곳'을 만들었다. 그가 한 일은 디즈니월드의 건설이었다. 하지만 그의 정체성은 창조적인 천재였다. 그가 자신의 소명에 긍정의 답을 하지 않았다면 사람들이 디즈니월드에서 상상과 발견의 경이를 경험하는 일은 일어나지 않았을 것이다. 디즈니의 테마파크에 아직 가본 적이 없더라도 그가 만든 캐릭터들은 아마도 어린 시절에 만난 가장 친숙한 존재들일 것이다.

또 다른 세계적인 유명 인사이며 봉사의 정신으로 무장한 테레사 수녀를 보자. 그녀는 가난하고 버림받고 소외된 사람들 중에서도 가장 불쌍한 사람들을 도우라는 소명에 긍정적으로 답했다. 그녀가 한 일은 새로운 종교 커뮤니티를 설립한 것이다. 그녀의 근본적인 정체는 자선가였다. 그녀가 소명에 긍정적으로 응하지 않았다면 무수한 사람들이 외로움, 비참한 삶, 죽음 등으로 고통받았을 것이다. 2011년 나는 아이티에서 테레사 수녀가 운영하는 '가난하고 죽어가는 사람들의 집'을 방문했다. 내가 본 중 가장 가슴 아픈 상황이었지만, 그럼에도 불구하고 나는 그곳에서 심오한 평화를 만났다. 테레사 수녀가 인도에서 약 반세기 전에 긍정의 답을 하지 않았더라면 아이티의 불쌍한 사람들은 마지막 생애를 쓰레기가 뒤덮인 길거리에서 보냈을 것이다.

또 다른 중요한 지도자는 에이브러햄 링컨이다. 그는 천성적으로 평등과 정의 문제에 온몸을 바친 인물이다. 그는 '괴물 같은 부당한 노예제도'에 맞서야 한다는 깊은 신념을 실천하라는 소명에 긍정의 답을 주었다. 그가 한 일은 미국 대통령이라는 직위를 이용해 노예제도를 폐지한 것이었고, 그의 핵심적인 정체는 뛰어난 중재자였다. 만약 그가 자신의 소명에 응하지 않고 가장 신뢰하는 자문들의 지원도 없는 상태에서 노예해방을 선포하지 않았더라면 미국에서 수정헌법 13조가 채택되고 노예제도가 종식되는 데 얼마나 오랜 시간이 걸렸을지 아무도 모른다.

알렉스 스콧도 있다. 그녀는 소아암의 일종인 신경아세포종을 지닌 어린 소녀로 네 살 때 다른 어린이 암환자들을 돕기 위해 레모네이드 가판을 시작했다. 그녀는 100만 달러 이상을 모금해 질병에 걸린 아이들을 찾아 치료를 돕다가 여덟 살에 결국 자기 운명을 다했다. 하지만 그녀의 정체성은 다른 사람들의 옹호자였다. 그녀가 자신의 소명에 긍정의 답을 하지 않았다면 소아암 환자들을 위한 알렉스 레모네이드 스탠드 재단이 모금한 1억 2,100만 달러로 오늘날 소아암 연구에 자금을 대는 일은 없었을 것이다.

그러나 이런 유명한 일화들에 속으면 안 된다. 당신의 소명의 가치는 '그 결과가 얼마나 큰가'에 달린 것이 아니다. 모든 소명이 동일한 방식으로 나타나는 것도 아니다. 내 친구인 카르멘은 미용사로 일하던 직업을 버리고 자기 자녀들을 홈스쿨링하기 시작했다. 이로 인해 집짓기 프로젝트에 자원봉사를 할 시간이 많아졌다. 카르멘은 타인을 돌봐야 한다는 소명의식이 있다. 그녀의 가장 친한 친구인 안젤라는 가족을 부양하기 위해 정규직 일자리를 얻었지만 대신 가족과 함께 지내는 시간을 포기해야 했다. 안젤라의 소명의식 역시 남을 돌보는 일임에는 분명하지만, 그녀가 소명에 답하는 방식은 카르멘의 방식과는 달라 보인다. 이는 당연한 일이다. 각자의 방식대로 긍정의 답을 하지 않았더라면 그들의 자녀들은 지금처럼 자신감 있고 능력 있는 청년들로 성장하지 못했을 것이다. 당신의 소명과 그에 대한 답은 오롯이 당신 자신의 몫이다.

소명은 이미 당신 머릿속에 있다

앞서 소명이란 우리의 DNA 속에 내장되어 있다고 말했다. 지금까지의 인생을 돌이켜보면 자기 소명에 대한 단서를 발견할 수 있다. 우리가 가지고 노는 것, 보는 것, 해온 일, 어린 시절 자유롭게 만든 것 등이 모두 단서가 될 수 있다. 시간을 보낸 방식과 돈을 쓴 방식도 큰 단서가 된다. 자신을 행복하게 만들었던 일이나 화나게 만든 일도 마찬가지로 단서가 될 수 있다. 보다 흥미로운 것이 있다. 어쩔 수 없이 해야만 해서 곤란해진 일이 있는가? 그것 역시 소명에 대한 단서가 될 수 있다.

여기서 내 친구 알라나를 소개하고 싶다. 어릴 때 알라나에게 모든 학부모 상담 시간은 끔찍한 행사였다. 교사, 과목, 성적은 중요하지 않았다. 교사와 부모 간의 대화는 언제나 다음과 같았다.

"수업 시간에 너무 말이 많아요."

"사교성이 지나치게 좋아요."

"규칙을 무시해요."

"가만히 앉아 있지를 못하네요."

알라나는 학창시절 내내 너무 말이 많고 시끄럽고 교칙을 지키지 않는다는 말을 들었다. 그도 그럴 것이 알라나는 개성이 뚜렷했고 학교생활에는 전혀 흥미가 없었다. 그래서 대학 진학을 포기하고 졸업 후 곧장 세일즈 일에 뛰어들었다.

20년 전 교사들은 하나같이 그녀에게서 문제를 찾아 지적했다. 그러나 지금은 그 지적사항들이 알라나의 소명에 대한 단서로 이해된다. 알라나는 현재 세일즈 분야에서 두각을 나타내고 있으며 '타이니 트래블러Tiny Traveler'라는 블로그의 저자로 활동하고 있다. 아기를 데리고 세일즈를 위해 1년에 80km를 여행 다닌 모험담을 담은 블로그다.

알라나는 말로 먹고사는 사람이다. 그리고 그녀의 정체성은 사회적·독립적 사고를 하는 사람이다. 알라나가 자신의 천부적 재능을 이용해 세일즈에 뛰어들지 않았더라면 그녀는 "입 다물라"라고 말하는 사람들이나 마주쳤을 것이다. 그리고 오늘날과 같은 풍족하고 만족스러운 삶은 없었을 것이다. 알라나의 이야기는 자신의 소명을 발견하고 자신이 누구인지에 대해 긍정의 답을 할 때 일어날 수 있는 좋은 예를 보여준다.

—

시작은 언제나 초조하다

10대일 때나 젊은 시절, 나는 자꾸 이런 생각이 들었다.

"나는 잘하는 일이 많아. 하지만 어느 한 군데 뛰어난 재능은 없어."

내가 댄스 스튜디오를 개설하겠다는 결심을 했을 때 그런 생각이 다시 수면 위로 떠올랐다. 내가 부족하다는 두려움이 모든 야심찬 계획들을 날려버렸다. 물론 나는 유능한 댄서였지만 우리 교실에서 최고는 아니라는 것을 알고 있었다. 나는 숫자에는 밝지만 회계학을 공부한 적은 없다. 나는 서류 작성법을 알지만 계약서는 쓸 줄 모른다. 나는 스페인어 학위가 있지만 경영학 학위는 없으며 심지어 무용 학위도 없다. 나는 출발선상에 서보기는커녕 경주할 준비조차도 안 되어 있는 사람이다. 생짜 초보의

코끼리를 먹는 방법

전형이라고 할 수 있다.

그러나 곧 나는 내가 혼자가 아님을 깨달았다. 흥미롭고 성공한 사람들의 전기에 대한 나의 강박관념을 기억하는가? 나는 이미 그들이 작은 긍정의 말 한마디를 통해 성공한 방식을 배웠고 크게 깨달은 것이 있었다. 내가 존경하는 성취자들 사이에서 발견한 또 다른 평범하면서도 고무적인 공통점이 있었다. 그들 대부분은 무언가를 시작하면서도 자신이 무엇을 하는지 몰랐다는 점이다. 이것이 생각나자 희망이 되살아났다. 그리고 초보자로서의 고통이 따를 때마다 그런 희망은 다시 찾아온다.

다음 인물들을 살펴보자. 이들의 초창기는 최종 결과와는 비교할 수 없을 정도로 초라했다. 미디어계의 거물 마사 스튜어트는 주식 중개인이었다가 가정주부로 전업한 후 나중에 살림의 여왕이 되었다. 투자자인 마크 큐반은 처음에 바텐더와 판매원으로 일하다가 소프트웨어 회사를 설립한 후 백만장자가 되었다. 조앤 K. 롤링은 《해리포터》 시리즈를 출간하기 전에 비서로 일하며 우울증에 시달렸고 비서직에서도 해고됐다. 이들과 대화를 나눠본 적은 없지만 이들이 어느 날 갑자기 완벽하게 준비된 상태에서 목표를 추구한 것이 아니라는 점은 충분하게 읽어서 알고 있다. 그래도 이들 각자는 두려움, 반대, 거부와 싸울 용기를 끌어 모아 작은 긍정의 답으로 반응했다. 나와 여러분도 그렇게 해야 한다.

초라한 출발을 하거나 잘못된 출발을 하거나 차질이 생겨서 스스로에게 의구심을 가질 수 있다. 혹은 지금 가는 방향이 옳은지, 진로를 바꿔야 하는 건 아닌지 의심할 수 있다. 이런 불안과 우울을 '초보자 블루스'라고 부른다. 이는 불가피한 것이다. 자신의 소명을 재확인하기 위해 필요한 일이다. 꿈과 희망은 시간이 지나면 바뀔 수도 있다는 점을 기억해야 한다. 희망을 버려야 할 수도 있고 계획이 지연될 수도 있다. 임무는 재설정될 수 있고 의무는 변경될 수도 있다. 하지만 소명은 부인할 수 없다. 만약 당신이 뭔가에 진정으로 소명의식을 느꼈다면 그 임무가 가능하다고 생각되지 않더라도 계속해서 긍정의 답으로 응하게 될 것이다.

성격에 따라 저마다의 방식이 있다

나는 한 CEO 모임의 멤버다. 지난 4년간 모임에서 CEO들을 관찰하며 가장 흥미로웠던 점은 긍정의 답을 하는 데 성격이 영향을 미치는 방식이다. 마크라는 사람은 '초고속'이라는 별명으로 불린다. 그는 뭔가를 해야 한다는 생각이 들면 다음 날까지는 그 일이 완수되고 멋지게 포장도 되어야 직성이 풀리는 사람이다. 그의 신조는 어차피 실수를 할 거라면 빨리 하는 게 낫다는 것이다. 반면 브래드는 보다 실용적인 방식을 취한다. 새로운 일을 시도할 때는 "돌다리도 두드려보고 건너라"라고 말한다.

이처럼 성격에 따라 긍정의 답을 하는 방식도, 남들과 다른 인생을 만드는 방식도 달라진다. 마크가 첫 번째 소프트웨어 회사를 설립했을 때 그는 컴퓨터 한 대도 없이 시작했다. 하지만 벤처 투자가로서 자신의 소프트웨어 제품이 성공할 것을 확신했기 때문에 그는 나머지를 해결하는 데 긍정의 답을 했다. 브래드는 장난감 제조업체를 처음 시작했을 때 이미 업계에서 일하며 축적한 아이디어가 많았다. 그래서 그는 자신의 지식과 경험에 기반해 사업을 시작하는 데 긍정의 답을 했다. 이 둘은 성격이 다르다. 하지만 공통점은 만약 둘 중 누구라도 자신의 소명에 따르지 않았다면 오늘날과 같이 직원들이나 사회에 영향을 주지 못했을 것이라는 점이다. 마크의 성격은 그의 방식을 필요로 하고 브래드의 성격은 또 다른 방식을 필요로 하는 것이다.

　내 동료들과 내가 그랬던 것처럼, 당신의 성격도 당신이 가진 소명에 긍정의 답을 하는 방식에 영향을 미친다. 당신의 성격은 당신이 가고 싶은 방향에 얼마나 빠르고 원만하게 이를지에 영향을 미친다. 다음 성격 유형에서 내가 어디에 속하는지 체크해보자.

급속한 시작 vs. 신중한 시작

단거리 달리기 선수 vs. 마라톤 선수

가능성 추구자 vs. 문제 발견자

치밀한 기획자 vs. 즉흥적 결정자

절약 vs. 낭비

　코끼리를 먹는 방법

유연함 vs. 엄격함

내부에서 진행 vs. 외부에서 진행

연 vs. 줄

물론 이게 전부는 아니지만 대표적인 성격 유형이다. 만약 여행을 계획하고 있다면 내가 어떤 여행을 하고 싶은지 이 유형을 통해 알 수 있다. 그렇기 때문에 작은 긍정의 답을 해나가는 여정에 앞서 자신의 성격을 이해하는 것이 중요하다. 당신의 성격은 최고의 동지가 될 수도, 최악의 적이 될 수도 있기 때문이다. 중요한 것은 당신의 성격을 당신이 긍정의 답을 하는 방법과 최대한 부합시키는 일이다.

성격 유형 중에서 어느 쪽이 선천적으로 더 좋거나 나쁘다, 옳거나 틀리다고 말하는 게 아니다. 사람은 모두 다르다. 하지만 당신의 성향이 어떤 사고방식, 기회나 장애물을 대하는 방식으로 기울어져 있는지 알면 성격의 단점으로부터 자신을 보호하는 전략을 미리 세울 수 있다.

만약 신중하게 출발하고 휴식을 자주 취해야 하는 성격이라면, 시작하기 전에 속도와 경로를 조정해야 한다. 만약 성격이 꼼꼼하고 일이 계획대로 진행되지 않으면 무너지는 사람이라면 필연적인 변화에 순응하는 준비를 해야 한다. 만약 순간적이고 단기석으로 돌신하는 성격이라면 당신은 님보다 빨리 달릴지는 몰라도 트랙에서 벗어날 가능성이 있다. 그런 사람은 행동하는 것만이 능사가 아니라는 걸 기억해야 한다.

성격이 긍정의 답을 하는 방식에 어떤 역할을 하는지를 이해한다면 의미 있고 즐거운 삶을 만들면서도 더 멀리 갈 준비를 할 수 있을 것이다.

—

작은 긍정의 답을 시작하자

모든 사람이 세상에 흔적을 남기고 싶어 하지만 모두 그렇게 할 수 있는 건 아니다. 하지만 당신은 할 수 있다. 당신은 이 책을 구매했으며 여기까지 읽었다. 책을 사서 몇 장 읽다 마는 사람이 얼마나 많은지 아는가? 일본에는 '츤도쿠積読'라는 말도 있다. 책을 사서 읽지 않고 쌓아두기만 한다는 말이다. 당신은 그런 사람이 아니다! 당신은 이 책을 읽을 것임은 물론이고 미친 듯이 메모를 하고 통찰을 얻을 것이다.

내가 누구인지, 대체 뭘 하고 있는지 모르겠고 혼란스러운 날이 있을 것이다. 나의 소명에 "예스"를 외칠 준비가 되어 있지 않다고 느끼는 때도 있을 것이다. 출발하기도 전에 포기하고 싶은 기분에 휩싸이기도 할 것이다. 하지만 당신은 준비가 되어 있기에 포기하지는 않을 것이다.

당신은 타고난 성격 때문에 자신의 소명을 추구하는 일을 다른 사람에게 떠넘기고 싶을지도 모른다. 하지만 아무도 남의 소명을 대신 추구할 수는 없다. 당신의 부모도 할 수 없다. 아무도 당신의 이웃이나 친구, 자녀나 배우자가 될 수 없듯이 그것은 당신의 것이다. 출발할 준비가 되었는가? 필요한 것은 작은 긍정의 답 '예스'뿐이다.

도전은 나를
단련하는 기회다

ONE small YES

두려움과 의구심이라는 감정은
작은 긍정의 답을
해나가는 여정의 일부다.

ONE Small *yes*

가장 쉬운 부분은 끝났다. 당신은 이 여정에서 스스로에게 해야 할 많은 작은 긍정의 선언 중 최초의 것을 이미 했다. 이제부터 맞닥뜨릴 일은 긍정의 답을 방해하는 것들이다. 내 경험상 그것들은 대충 이런 형태로 나타난다.

이 세상에서 성취하리라고 생각한 소명에 대해 마침내 변명을 내려놓고 긍정의 답을 했다. 그 결정을 확신하며 마음을 놓고 있다가 느닷없이 장애물에 부딪힌다! 도전, 주의산만, 심지어 내가 가진 고유한 습관까지도 내 길에 방해물을 던지기 시작한다.

익숙한 흐름이지 않은가? 이제부터 긍정의 답을 할 때 반드시 따라오는 방해물에 관한 이야기를 해보겠다. 자신의 소명을 아는 것도 어려운 일이지만 그 후의 방해물을 처리하는 것도 어려운 일이다. 남들과 차별화된 삶과 일을 구축하고 싶다면 방해물에도 긍정의 답을 해야 한다. 이번 장에서 우리는 소명을 깨달은 후 직면하게 될 방해물을 알아보고 그것들을 통해 어떻게 자신의 소명을 거듭 확인할 수 있는지도 살펴볼 것이다.

방해물은 다양한 모습과 형태로 나타날 수 있다. 소명에 처음으로 긍정의 답을 했을 때 대면하게 되는 평범한 방해물들을 우선 살펴보자. 그리고 방해물들을 다루기 위해 미리 예상하고 있어야 할 것이 무엇인지, 그에 대해 어떻게 긍정의 답을 할지 터득하게 될 것이다. 그러면 실제로 방해물에 맞닥뜨렸을 때 더욱 평온하고 결연한 마음으로 마주할 수 있게 된다. 당신은 그럴 준비가 되어 있기 때문이다.

모든 기회를 잡아야 하는 건 아니다

'기회'란 말이 추상적으로 들릴지 모르겠지만, 사실 그것은 아주 현실적인 것이다. 특히 '무엇이든 가능하다'는 사고방식을 지닌 사람들에게는 더욱 그렇다. 자신의 소명에 신속하게 긍정적인 대답을 하는 성격이라면 소명에 부합하지 않는 기회에도 성급하게 긍정의 답을 할지 모른다.

어떤 것을 하겠다고 결심하자마자 또 다른 신나는 기회가 찾아온다면? 그것을 잡기 위해 긍정의 답을 한 적이 있는가? 나는 그런 적이 있다. 이 새로운 기회는 내가 긍정의 답을 했던 먼저 번 기회보다 더 좋고, '새로운 것'을 당장 추구하지 않는다면 다시는 기회를 잡을 수 없을 것 같은 느낌이 들었다. 하지만 절대 그렇지 않다!

기회는 결코 드문 일이 아니다. 나는 수차례 기회를 만났다. 얼마전 나는 학생들을 위한 온라인 매거진을 유지하려고 고군분투했다. 지난 9개월 동안 꾸준하게 노력했지만 성과는 미미했다. 비록 내 끈기가 부족해서 매거진을 접고 싶은 마음이 굴뚝같았지만, 나는 여전히 이 일의 가치를 믿었다. 결단을 내려야 했을 때 나는 1년만 더 해보자고 우리 팀에게 약속했다.

팀원들 앞에서 그런 약속을 한 지 몇 달 후, 나는 아주 유명한 회사에서 스카우트 제안을 받았다. 사외이사 자리를 제안받은 것이다. 기회가 굴러들어왔다. 나는 그 제안을 가지고 정신적, 감정적으로 씨름을 했다. 거의 실패한 것과 마찬가지인 매거진 일에서 빠져나와 금전적으로 보나 경력으로 보나 진일보할 수 있는 기회였다. 하지만 나는 결국 그 제안을 거절했다. 나는 먼저 한 긍정의 약속을 지키기로 했다. 그것은 단지 온라인 매거진에 대한 문제가 아니라 나의 모든 사업과 우리 회사에 의존하는 직원과 고객들에 대한 약속이었다.

흥미로운 점은 내가 그 기회를 포기한 직후 우리 매거진의 기사 한 편이 입소문이 나서 우리 웹사이트가 유명해졌다는 것이다. 1개월간 우리 웹사이트를 방문한 사람 수는 수천 명에서 20만 명으로 급증했다. 같은 기간 중 소셜미디어SNS의 클릭 수는 약 1만 개에서 100만 개 이상으로 늘었다. 내가 당시 나의 소명이 아닌 것에 긍정의 답을 해버렸다면 나는 돌파구가 생기기 전에 이미 매거진을 그만두었을 것이다.

기억하자. 당신에게 찾아오는 모든 기회를 잡으려고 하면 정작 당신에게 맞는 기회는 잡을 수 없을 것이다. 여러 기회를 만나도 내 경로를 이탈해서는 안 된다. 일반적으로 좋은 아이디어라고 해서 그것이 꼭 위대한 아이디어는 아니다. 그 아이디어가 훌륭하다고 해서 그것이 당신의 삶을 위한 최선의 일은 아니다. 설령 그것이 당신이 반드시 해야 하는 일이라고 해도 당장 실행해야 하는 건 아니다. 소명을 이루려면 기회를 무조건 잡는 게 아니라 판단해야 한다.

—

의심하는 사람은 행동할 수 없다

기회가 희망의 고통이라면 의심은 두려움의 고통이다. 이런 생각을 해본 적이 있는가?

"나는 이 일을 해야 한다는 소명을 믿지만, 실제로 그것을 할 수 있다는 확신은 들지 않는다."

일단 "내가 그것을 할 수 있는지 확신이 들지 않는다"는 의구심이 들면 그 생각은 즉시 "나는 절대 할 수 없다"는 생각으로 확대된다. 그리고 의심하는 사람은 행동할 수 없다.

크리스탈은 경력을 쌓는 내내 실패를 두려워했다. 댄스 스튜디오를 운영하는 그녀의 머릿속에는 이런 생각이 가득했다.

"너는 우등반은 시작할 수 없을 거야."

"프로그램을 늘려봤자 아무도 등록하지 않을 거야."

"감당이 안 될 테니까 고급 극장에서 공연을 할 수 없을 거야."

"시장이 포화상태라 큰 학원은 열지 못할 거야."

지난 3년간 그녀는 긍정의 답을 하는 것에 대해 의구심을 가졌다. 그러다 우리 제휴 스튜디오 대표들이 모이는 미팅에 참석한 후 두려움을 지식과 자신감으로 대체하기 시작했다. 작은 긍정의 답을 쌓아올려 올해 마침내 성과를 냈다. 이전에는 자신의 능력이 못 미친다고 생각했던 일이었다.

크리스탈은 여전히 스스로 두려움을 만들기도 하고 어머니에게서 물려받은 일반적인 두려움도 마주하고 있다. 하지만 더 이

코끼리를 먹는 방법

상 두려움이 스스로를 지배하도록 내버려두지는 않는다. 지난 3년간 그녀는 긍정의 답을 하나하나 쌓으며 자신감을 구축했다. 이제는 대형 댄스 스튜디오를 이끌며 자신이 속한 지역사회에서 남다른 삶을 살고 있다. 요즘 크리스탈이 하는 말을 듣고 있으면 3년 전에 내가 만났던 그녀와는 완전히 다른 사람 같다. 나는 그녀가 이렇게 말하는 것을 들었다.

"새로운 댄스 프로그램을 아무런 사전준비 없이도 시작할 수 있어요! 그래요, 할 수 있어요! 저는 새로운 프로모션에 긍정의 답을 해왔고, 매출을 올리는 새로운 방법에 긍정의 답을 해왔어요. 직원들과의 마찰이 싫으면 이를 바로잡는 데 긍정의 답을 해왔고, 즐거운 스튜디오 분위기를 만드는 데 긍정의 답을 해왔어요. 작은 긍정의 답을 계속한 덕분에 제 스튜디오는 훨씬 더 좋아졌지요."

작은 긍정의 여정은 크리스탈만이 떠날 수 있는 것이 아니다. 누구나 중요한 일을 하려고 할 때면 두려움과 의구심에 맞닥뜨리게 된다. 내가 인생에서 해온 중요하고 가치 있는 것들의 대부분은 두려운 것이기도 했다. 결혼한 것, 자녀를 가진 것, 자기 사업을 한 것, 무용수를 그만두고 새로운 직업을 가진 것 등은 모두 불안한 순간을 만들어냈다. 여기서 중요한 것은 두려움과 의구심을 전부 없애지는 못한다는 점이다. 두려움과 의구심이라는 감정은 작은 긍정의 답을 해나가는 여정의 일부다. 두려움과 의구심은 뭔가를 하려고 결심하기 전에 두 번 생각하도록 만드는 조절 장치이기도 하기 때문이다. 중요한 것은 두려움과 의구심이 우리가 소명을 이루는 것을 아예 막아버리는 '금지등'이 아니라 적당한 곳에서 '경고등'으로 존재해야 한다는 것이다.

—

활동한다고 해서 성취한 건 아니다

누구에게나 '기분전환 행동'이라는 것이 있다. 이것은 소명을 이루는 과정에 실질적으로 필요한 일을 하기 싫을 때 나타나는 행동이다. 가장 쉬운 일을 먼저 하고 싶어 하는 것은 인간의 본성이다. 이것이 매일 긍정의 답하기 여정에서 싸워야 할 가장 큰 방해물이다.

예를 들어, 10가지의 해야 할 일 목록이 있다면 8개는 쉽지만

코끼리를 먹는 방법

가치가 낮은 과제이고, 2개는 어렵지만 가치는 큰 과제다. 나는 본능적으로 8개의 쉽지만 가치가 낮은 일을 먼저 하고 싶어진다. 해야 할 목록에서 많은 것을 체크하면서 성취감을 느끼고 싶기 때문이다. 사실 나는 체크하는 것을 너무나도 좋아한다. 단순히 리스트를 지워가는 만족감을 느끼고 싶어서 이미 한 일을 적을 때도 있다. 그러다 어느 순간, 기분전환 행동에 문제가 있음을 알게 되었다.

작고 가치가 낮은 과제들은 매혹적이다. 일을 완수하고 싶은 게 사람의 본성이라 뭔가를 끝내지 않으면 불안감을 느끼기 때문이다. 심리학자들은 이를 '자이가르닉 효과Zeigarnik Effect'라고 부른다. 불완전한 것을 완성하고 싶어 하는 경향을 말한다. 우리의 정신 속에는 이런 경향이 강력하게 내재되어 있기 때문에 우리는 무의식적으로 주어진 시간 내에 하기 쉬워 보이는 것을 우선 하려고 한다. 설령 그 일들이 전체 계획에 거의 기여하지 못하더라도 말이다.

어찌어찌해서 8개의 가치가 낮은 과제를 완수한 것으로 체크했다고 해보자. 이제 남은 건 2개의 진정으로 중요하고 의미 있는 일뿐이다. 이것들을 달성하면 당신의 사업, 경력, 가족, 인간 관계 등은 변한다. 하지만 둘 다 부담이 큰 일이다. 이제 당신은 뭘 하겠는가? 인생을 바꿀 2가지 일에 뛰어들까?

아마도 아닐 것이다. 작고 가치가 낮은 과제들을 이미 완수한 당신은 어렵지만 가치가 큰 일을 하기보다는 책상 정리하기, 부엌 청소하기, 페이스북 페이지 띄우기 등과 같은 '새로운 가치 낮은 일'을 시작할 가능성이 높다.

여기에 뼈아픈 진실이 있다. 우리는 어렵거나 한 번에 끝낼 수 없다고 생각되는 일을 시작하지 않기 위해 일부러 시시한 일들을 만들어내곤 한다. 심지어 10가지 중 8가지를 성취하며 결승선에 가까워졌는데도 더 크고 의미 있는 일을 시작하기보다는 불필요한 작은 일로 부산을 떠는 것이다. 그 이유는 무엇일까? 오후 2시에 큰 과제를 시작하기에는 이미 너무 늦어서 하루를 마치기 전에 완수할 수 없으므로 소용이 없다고 믿기 때문이다. 그래서 오늘 하루 많은 일을 한 것 같지만 정작 중요한 일은 하지 못한 채 잠자리에 든다.

UCLA의 인기 농구 감독 존 우든이 선수들에게 한 말이 있다.

"활동한다고 해서 반드시 성취했다고 착각하지 마라."

이 말은 자주 인용된다. 당신이 농구 선수이건, 학생이건, 가정주부이건, 기업가이건 상관없이 모든 활동이 반드시 성과를 내는 건 아니라는 점을 기억하기 바란다. 사소한 활동에 시간을 소비하는 것은 일을 진정으로 끝내지 못하게 하는 '미루기'의 소모적인 형태일 뿐이다. 정말로 남들과 다른 삶과 사업을 만들고 싶다면 사소한 활동이나 가치가 낮은 도전 과제들 속에서 자신의 소명과 일맥상통하는 프로젝트에 지속적으로 긍정의 답을 해야 한다.

—

나에게서 나 자신을 구하라

'규율'이라고 하면 너무 딱딱하게 들릴지 모르겠다. 그러나 내가 정의하는 규율은 '나에게서 나 자신을 구하는 일상의 규칙'이다. 자기 자신을 너무 믿고 맡기면 절대 많은 것을 성취할 수 없다. 규율 없이 나 자신을 방치하면 하루를 어떻게 보내게 될까? 다음 예를 보자.

8 a.m.	기상. 다시 자기.
9 a.m.	진짜로 기상. 따뜻한 이불 속에서 휴대폰으로 이메일 확인.
	추운 지역에 산다는 점이 이를 정당화해줌.
9:30 a.m.	침대에서 커피를, 어쩌면 팬케이크까지도 먹기.
10 a.m.	페이스북으로 댄스 스튜디오 사업 관련 정보 조사. 동기유발을 위해 해외 댄서들의 동영상을 찾아 감상하는 오랜 습관.
12 p.m.	식당에 가서 튀김과 맥주를 2잔 정도 마시며 내 연구 활동에 대한 보상을 해줌.
1 p.m.	건축 관련 동영상을 본 후 유튜브를 통해 사업에 관한 리서치. 결국 내가 만들고 싶은 작은 집은 지금은 건축하기 힘든가? 이런 일들은 헌신을 요한다!
4 p.m.	가족과 함께 외식. 요리를 하면 부엌이 엉망이 될 것이기 때문에.
5 p.m.	아이들을 일찍 재우기. 그래야 인스타그램을 실컷 하거나 내 댄스 스튜디오 사이트를 방문할 수 있기 때문. 너무 피곤하지 않다면.

실제로 내가 이렇게 지내지는 않는다. 하지만 나를 통제하는

훈련을 해오지 않았다면 아마 이렇게 지냈을 것이다. 솔직히 나는 하루를 기분 좋아지는 게으른 일들을 하며 보내고 싶다. 나는 종종 이런 말을 듣는다.

"당신이 하는 일이 다 절제되어 있군요. 규율을 좋아하나봐요."

실상은 나는 우리 아이들만큼이나 규율을 좋아하지 않는다는 것이다. 하지만 그 결과는 정말 좋아한다. 그래서 무절제한 생활과 싸우면서 나와 내 가족과 내 사업을 강력하게 만드는 일상의 규칙을 만들어가는 것이다.

나의 실제 일상은 앞에서 상상해본 일상보다 그렇게 신나지는 않다. 아주 재미있지도 않다. 하지만 지루함에도 경이로워하는 자세가 필요하다.

5:30 a.m.   기상. 사무실에서 조용히 그날 계획을 점검하고 간밤에 들어온 메일에 답하기.

6:30 a.m.   애들을 깨워 아침 먹이고 학교 보내기.

7:30 a.m.   사업과 관련된 모든 SNS 체크. 신체의 유연성과 강인함을 길러주는 간단한 운동.

8 a.m.	사무실에서 우선순위에 따라 업무 시작하기.
11:30 a.m.	점심 식사. 주로 남은 음식을 먹는다. 요리를 싫어하기 때문.
12 p.m.	이메일이나 요청 등을 우선순위 업무에 추가하기.
3 p.m.	집에서 일할 때는 아이가 집에 오는 시간이므로 휴식 시간.
	사무실에서 일한다면 마지막 업무를 진행할 시간.
5 p.m.	아이들과의 저녁 식사. 아이들과 놀아주기. 숙제 도와주기.
	목욕시키기, 재우기.
8 p.m.	사무실 업무를 종료하고 댄스 스튜디오 방문.
10 p.m.	남편과 시간 보내기, 독서나 TV 시청.
11 p.m.	취침.

더 늦게까지 일하거나 일찍 일어나는 날도 있다. 또 어떤 날은 사무실에서 일하고 집에서도 일한다. 요가 대신 산책이나 조깅을 할 때도 있다. 때로는 미칠 것 같은 기분이 들어서 버터를 넣은 커피로 자극을 주기도 한다. 그러나 대부분 나의 일상은 예측 가능하고, 가치 낮은 일을 하려는 경향으로부터 나를 구해주고 있다.

이런 일상의 규칙이 없었다면 나는 여전히 댄스 스튜디오를 개설하려는 꿈만 꾸고 있을 것이다. 하지만 일상의 규칙에 긍정의 답을 함으로써 사업을 구축하고 차별화된 삶을 구축할 수 있었다.

나는 사업자금을 모으기 위해 일을 3가지나 하고 대학에 다니며 내 댄스 스튜디오를 시작했다. 그때부터 나만의 일과를 만들어갔다. 일, 학교, 숙제, 일, 다시 일을 반복하는 지루한 일상이었다. 친구들이 밖에서 즐거운 시간을 보내는 동안에도 나는 집에서 사업계획을 세우고 있었다. 친구들은 옷을 샀지만 나는 아직 존재하지도 않는 내 댄스 스튜디오에서 판매할 무용복을 샀다. 일상은 분명 힘들었지만 나는 매일 해야 하는 많은 일들 중 적어도 하나에 긍정의 답을 했다. 혹은 내가 번 돈을 소비하는 대신 자금을 모으는 데 작은 긍정의 답을 했다. 이것이 내가 사업을 시작하는 날을 앞당겼다.

오늘날 나의 일상이 약 20년 전 사업을 시작하기 위해 지켰던 일상과 거의 다를 바 없다는 것을 눈치 챘을 것이다. 일상 그 자체는 지루하지만 삶은 지루하지 않다. 일상은 나를 노예로 만드는 것이 아니라 나를 구원한다! 나는 가족과 사업을 자유롭게 누릴 수 있다. 내가 만들어낸 일상의 규칙은 중소기업을 운영하며 가족을 부양하는 데 따르는 혼란을 줄여주기 때문이다. 내가 가장 중요하게 생각하는 것은 학생들을 가르치고, 지역사회에 봉사하고, 가족과 함께 시간을 보내는 것이다. 일상을 갖는 것은 내 소명을 이루고, 이를 통해 내가 가치 있게 여기는 일들을 할 수 있도록 해준다.

차별화된 사업과 삶을 구축하고 싶다면 가치가 낮은 자잘한 일들과 싸워야 한다. 나만의 일과를 만들어두면 당장에 쉽고 좋은 일만 하려는 경향을 줄이고 시간이 지나 진정한 결과물을 만들어내는 일에 집중할 수 있다. 하루를 어떻게 보내느냐가 당신의 인생을 결정한다. 인생은 단 한 번뿐이기 때문에 절제된 일과에 긍정의 답을 해야 한다. 그래야 후에 그 결과를 누릴 수 있다.

—

가능성을 꿈꾸되 압도당하지 마라

나는 세상을 더 좋은 곳으로 만들기 위해 할 수 있는 일들에 대해 이야기하는 것을 좋아한다. 그래서 내가 가장 좋아하는 것이 배포가 큰 기업가들, 독창적인 사상가들과 함께 '푸른 하늘 대화'를 하는 것이다. 푸른 하늘 대화란 무엇일까? 그것은 아침에 푸른 하늘을 응시하며 그날 일어날 수 있는 모든 일을 꿈꾸는 것을 말한다.

에밀리는 내가 만나본 사람들 중 가장 큰 '푸른 하늘 사상가'다. 3년 전 그녀의 멘토가 된 이후로 나는 그녀가 소명을 좇아 새로운 마을로 이주해서 창고를 구입하고 멋진 아트센터를 세우고, 전문 발레 교육 프로그램을 시작하고, 세 번째 아이를 입양하는 것을 지켜봤다. 대부분의 사람들이라면 읽기만 해도 지치는 큰 사건들이다.

하지만 에밀리의 마음속에서 이는 자신이 해야 할 일들에 대한 시작에 지나지 않았다. 내가 그녀를 알게 된 후로 그녀는 10대들과 지역사회의 삶을 변화시키겠다는 소명을 따르면서 자신이 구축하거나 만들고 싶은 것들 목록에 계속 자신의 꿈을 추가했다.

에밀리는 비즈니스를 배우거나 사업하는 법을 훈련한 적도 없다. 하지만 그것이 다음과 같은 '푸른 하늘 아이디어'를 따르는 데 방해가 되지는 않았다.

- 5군데에 아트센터 개설하기

- 자기 건물에 계단식 교실 만들기

- 무용 신발 무역회사 시작하기

- 10대들을 위한 온라인 리더십 코스 개설하기

- 공급업자들과의 파트너십을 통해 가상 예술 공급 매장 구축하기

- 미취학 아동들을 대상으로 한 포크 뮤직 학교 개설하기

에밀리는 또한 부동산, 코칭, 일련의 라이브 이벤트 유치 등에
도 관심을 가지고 있다. 에밀리는 이 모든 아이디어는, 자신의 소
명에 대한 긍정의 답을 자연스럽게 확장하는 것이라고 생각한다.

에밀리는 푸른 하늘 사상가의 긍정적인 속성을 전형적으로
보여준다. 또한 크게 생각하고 빠르게 움직이는 능력이 양날의
검이 될 수 있음을 말해주는 최초의 인물이다. 한편으로 그녀는
놀라운 속도로 아이디어를 실현할 수 있다는 가능성을 생생하
게 보여준다. 그녀가 집에서 3명의 자녀를 키우면서 얼마나 많
은 일을 했는지를 보면 많은 사람이 놀란다. 다른 한편으로 에밀
리는 '가능성이 있는 일'에 대해 관심이 있기 때문에 '이미 있는

일'에는 눈길을 주지 않으며, 그것이 지속적인 원동력이 된 것도 사실이다.

그러나 에밀리는 깨달았다. 푸른 하늘 사고방식을 가지면 푸른 하늘 신드롬이 시작된다. 10가지 다른 방향으로 1시간에 100마일을 달려가게 해주지만 자신이 가진 자원과 가족과 팀을 소모하기만 해서는 아무것도 성취할 수 없다.

에밀리는 푸른 하늘 신드롬이 자신이 이미 진행 중인 일들을 압도하는 사태를 막기 위해서는 새로운 기회가 찾아오면 그것이 자신의 소명보다 가치 있는 일인지 체크해야 한다는 걸 배웠다. 지속적으로 진정한 소명을 추구하고 있는지 체크해야만 단지 바쁘기만 한 사람이 아니라 차별화된 삶과 사업을 이끄는 사람이 될 수 있다.

—

아는 것보다 실행하는 게 중요하다

일단 소명에 긍정의 답을 한 사람은 소명을 달성하려고 열심히 연구하기 시작할 것이다. 이처럼 계획을 잘 세우고 미리 준비하는 것은 좋은 동력이 된다. 앞으로의 여행을 위해 정보를 최대한 많이 확보하는 것은 현명한 자세이기 때문이다. 또 다른 동력은 자신이 추구하는 일의 실현 가능성을 확신하는 것이다. 마음 한구석에는 소명을 달성하는 것이 불가능다고, 그러니까 그냥 살던 대로 살자고 생각하는 마음이 도사리고 있다.

소명을 따르는 방법은 다양하다. 마음만 먹으면 책, 팟캐스트, 구글, 유튜브, 컨퍼런스, 온라인 강좌 등에서 사실상 무엇이든 다 배울 수 있고, 무엇이든 다 될 수 있다. 하지만 이런 도구들이 너무 훌륭하기 때문에 오히려 지나친 조사와 과도한 계획은 실행하는 데 방해가 될 수 있다. 필요한 것보다 더 많은 정보를 얻으면 '지적으로 비만해질' 수 있는 것이다.

'지나친 분석에 따른 기능 저하paralysis by analysis'라는 말을 들어본 적이 있는가? 정보에 지나치게 집착하면 이런 일이 벌어질 수 있다. 손가락만 움직이면 수많은 사실, 인물, 사례, 의견 등을 볼 수 있기 때문에 정보 과부하에 걸려 작동을 멈추게 된다. 정보란 사용하는 경우에만 전원이 켜진다는 점을 명심해야 한다.

코끼리를 먹는 방법

목적을 달성하기 위해 너무 욕심을 내서 지나치게 많은 정보를 수집해놓고는 정작 그 정보를 거의 활용하지 못하는 일이 허다하다. 그런 함정에 빠지지 않도록 조심해야 한다. 그러기 위해서는 자기 소명을 확인해야 한다. 그래야만 얻은 정보를 실행으로 옮길 수 있다. 자신의 소명에 긍정의 답을 주는 것을 계속할 생각이라면, 새로운 것을 더 많이 알려고 하기보다는 내가 이미 알고 있는 것을 연습하는 것이 더 중요하다.

—

해도, 하지 않아도 비용은 든다

줄리엔을 처음 만났을 때 그는 대학 강사 경력이 있었고 다른 한편으로는 댄스·피트니스 스튜디오를 세우느라 분주했다. 그는 대학에서 가르치고 수강생을 모으는 데 시간을 보냈고, 밤에는 아내와 세 자녀들과 함께 시간을 보냈다. 2개의 직업과 가족의 요구에 골고루 부합하는 3년을 보낸 후, 그는 온전히 사업을 시작해 도약할 때라고 느꼈다.

줄리엔은 전에도 두 번이나 창업을 시도했지만 적기라고 느낀 적은 없었다. 세 번째 시도를 하려니 실패에 대한 두려움이나 가족을 위기에 빠뜨릴 수 있다는 우려 때문에 포기하고 싶은 생각도 들었다. 하지만 기업가가 나의 진정한 소명이라면 그것을 추구할 때라고 믿었다. 줄리엔은 도약했다.

일은 정말 잘 풀렸다. 에너지를 회복한 줄리엔은 작은 사업을 키우고 가족을 위해 더 많은 시간을 보내는 데 100% 집중했다. 대학에서 일을 하면서 동시에 스튜디오를 운영할 때는 그렇게 하지 못했었다. 사업가로서 꾸준히 발전하면서 그는 자신이 원하는 삶으로 나아갈 수 있었고, 그런 삶을 살면서 시간과 미래의 재정 상태를 통제할 수 있게 됐다.

하지만 줄리엔은 기업 경영에 너무 많은 재미를 느끼고 있었기 때문에, 첫 번째 사업을 본격적으로 착수한 뒤 1년도 안 돼 또 다른 사업을 시작하기로 마음먹었다. 줄리엔의 아이디어는 자신이 대학에서 가르친 경험을 기업 경영에 대한 열정과 결합하는 것이었다. 사업과 삶에서 줄리엔이 그랬듯 자기만의 길을 찾는 방법을 가르치겠다는 것이었다.

그때부터 줄리엔은 시간과 에너지의 대부분을 새로운 프로젝트에 쏟아부었다. 그로부터 머지않아 책을 쓰고 팟캐스트를 시작했으며, 팟캐스트는 아이튠즈 '새롭고 주목할 만한 리스트'에 올랐다. 이렇게 성공한 후 줄리엔은 온라인 커뮤니티 설계자와 파트너를 이뤄 '슬립 수모Sleep Sumo'라는 새로운 사이트를 구축했다. 줄리엔은 한창 잘나가는 기업가가 되었다!

이 얼마나 좋은 일인가? 그런데 그게 아니었다.

줄리엔과 가족의 삶은 줄리엔이 첫 번째 사업을 시작하고 대학 강의를 병행하던 그때보다 더 힘들어졌다. 대학과 사업에 양다리를 걸치고 있을 때는 최소한 사업이 계획대로 안 되더라도 일정한 월급은 있었다. 하지만 저자, 팟캐스트 진행자, 온라인 커뮤니티 설계자를 동시에 하는 것은 생각보다 시간과 돈이 많이 들었다. 그래서 이 사업은 스튜디오 사업에도 엄청난 영향을 주게 되었다.

줄리엔은 새 사업이 시간, 건강, 관계, 주 사업에 미치는 '비용 계산'을 하지 않았던 것이다. 줄리엔은 결국 집을 팔아 이 사업으로 인한 손해를 메워야 했고, 팟캐스트를 중지시키고 슬립 수모 사이트도 닫았다. 줄리엔은 자신이 사랑하는 가족과 댄스 사업에 처음으로 긍정의 답을 했을 때의 순수한 마음으로 돌아갔다.

긍정의 답을 추구하는 데 드는 비용이 있고, 긍정의 답을 추구하지 않는 데 드는 비용도 있다. 또 경로를 이탈하는 데 드는 비용도 있다. 줄리엔의 이야기에서 보듯 뭔가를 시작하기 전에는 그 모든 비용을 계산해봐야 한다. 당신의 삶에 맞는 소명에 긍정의 답을 하려 한다면 모든 긍정의 답에 따른 물리적, 감정적, 재정적, 관계적 비용을 계산해야 한다.

—

최선의 작은 '예스'를 찾아라

내가 10대였을 때 해야 했던 결정은 대부분 '좋은 것' 대 '나쁜 것'이었다. "금요일 밤인데 파티에 갈까, 아니면 집에서 공부를 할까?", "실수를 인정하고 혼이 날까, 아니면 거짓말을 해서 책임을 피해갈까?", "신용카드로 먼저 그 물건을 살까, 아니면 돈을 모아서 살까?"

나이가 들면서 이분법적 결정은 점점 안 하게 된다. 그보다는 더 모호한 '좋고, 더 좋고, 최고로 좋은 결정'을 더 많이 하게 된다. 요즘 나를 두 번 생각하게 하는 것은 금요일 밤에 무엇을 할지 결정하는 게 아니다. '최선의 결정'을 찾아야 한다고 나 자신을 압박하는 문제는 화요일 밤이다. 최근 나의 화요일 밤은 이랬다.

오후 5시. 하루 종일 일을 했지만 일은 끝날 줄 몰랐다. 잡지에 기고할 글을 마감해야 했고 30분 후에는 아들의 축구 연습장에도 가야 했다. 앞으로 60분을 한 가지에만 쓸 수 있는 상황이었다. 어떤 일에 긍정의 답을 해야 옳은지 분명한 건 아무것도 없었다. 이런 경우에는 성인으로서 최선의 답을 찾아내는 것이 중요하다.

마감이 2주 더 남아 있다면 글은 내일 써도 될 것이다. 게다가 아들의 축구 연습은 이번 시즌에는 한 번도 못 가봤다. 이런 경우 일을 마치는 것도 괜찮은 선택이지만, 아들의 연습장에 달려가는 것은 최선의 선택이 될 것이다.

하지만 일을 마치지 않아서 클라이언트가 전화를 해 화를 내는 상황이라고 해보자. 글은 밤 12시까지 마감해야 하고 축구 연습은 6주 더 할 수 있는 상황이다. 그렇다면 시간을 몇 분 내서 클라이언트를 진정시키고 기사를 마감한 후, 다음 주 축구 연습에 가기로 스케줄을 잡는 것이 최선일 것이다. 가족과의 시간을 놓치고 싶어 하는 사람은 없다. 하지만 클라이언트와의 문제가 자꾸 신경 쓰이고 아들의 축구 연습을 보면서 속으로는 글을 쓰고 있다면 내가 정말 거기에 있다고 할 수 있을까?

예전의 나는 힘든 결정은 피하려고 했다. 모든 사람을 다 만족시키고 싶었기 때문이다. 하지만 그렇게 해보니 정작 만족하는 사람은 나를 포함해 아무도 없었다. 당신의 소명을 열심히 추구하려고 한다면 매일 당신의 시간과 관심을 끌기 위해 경쟁하는 '좋은' 결정과 '훌륭한' 결정 가운데 최선의 결정을 찾아내는 법을 배워야 한다.

당신이 소명을 받아들이는 순간부터 당신은 많은 도전에 직면하게 될 것이다. 하지만 그 도전들은 당신을 방해하기 위해 존재하는 것이 아니다. 당신의 소명을 확인시키고 당신이 최선의 결정을 내려 의미 있는 삶과 사업을 만들어낼 수 있도록 도와주기 위해 있는 것이다.

지금까지 소명을 추구할 때 흔히 맞닥뜨릴 8가지 방해물에 대

코끼리를 먹는 방법

해 알아보았다. 당신만의 흔적을 이 세상에 남기기 위해 노력하다 보면 이 외에도 수많은 방해물에 직면하게 될 것이다.

방해물에 직면하는 일에도 '예스'를 외치자. 스스로를 단련할 기회를 회피하지 말자. 돌아서 가려고도 하지 말자. 이 방해물들이야말로 당신이 소명에 계속해서 충실하도록 만드는 동력이 될 것이다. 도전을 온몸으로 받아들이자.

당신의 소명에 전념하는 것을 방해하는 것들이 있다. 유혹적인 새로운 기회, 자신이 해낼 수 없다는 생각, 의기소침, 푸른 하늘 신드롬, 지적 비만에 맞서 싸우자. 당신이 하는 모든 결정의 비용을 계산하고 어떤 상황에서도 가장 좋은 긍정의 답을 찾아내도록 힘써야 한다. 그렇게 하다 보면 당신은 집중력과 자신감, 절제된 일상과 지식을 발전시켜 차별화되는 삶과 사업을 만들어낼 수 있을 것이다. 한 번에 하나씩 긍정의 답을 하면서 모든 방해물에 대처해보자.

성공의 비결은
매일 반복하는 일에 있다

ONE small YES

인간관계에도,
우리 삶에도 가속 페달과
브레이크가 차지하는 자리가 있다.

ONE Small *yes*

아침부터 밤까지 택하는 작은 긍정의 답들은 소명을 향한 당신의 여정에 긍정적 영향을 미친다. 보통 때보다 30분 먼저 일어나 아이들이 깨기 전에 하루를 준비하는 것도 작은 긍정의 답이다. 하루를 시작할 에너지를 얻기 위해 아침을 먹는 것도 작은 긍정의 답이다. 직장에 도착해서 엘리베이터 대신 계단을 이용해 사무실로 올라가는 것도 작은 긍정의 답이며, 퇴근하기 전에 컴퓨터 모니터를 끄고 하루의 걱정을 잊는 것 또한 작은 긍정의 답이다.

하루를 보내면서 당신은 분 단위로 수없이 많은 긍정의 답을 하겠다는 결정을 내린다. 대부분은 깊이 생각하지 않고 내리는 결정들이다. 21세기의 우리 삶은 상당 부분 자동으로 돌아간다. 일어나면 출근하고 밥을 먹고 TV를 보고 잠자리에 든다. 다음 날도 이런 생활주기는 반복된다. 약간 달라지는 날도 있지만 대부분 무의식적인 일상의 결정들로 돌아가는 생활주기에 맞춰 살아간다. 그렇게 작은 결정들을 쌓은 결과는 죽을 때가 되어서야 알 수 있는 경우가 많다.

많은 사람이 은행의 복리이자가 얼마나 복잡한지 아주 잘 알고 있다. 은행에서 당신이 돈을 빌리면 복리이자는 당신에게 불리하게 작용하고, 은행에 돈을 저축하면 유리하게 작용한다. 하지만 의사결정에도 복리이자의 효과가 작용한다는 사실은 학교에서도 가르치지 않는다. 뉴욕타임스 베스트셀러인《복리 효과 The Compound Effect》의 저자이며〈석세스〉지의 전 발행인이자 편집자인 대런 하디는 이렇게 요약한다.

"성공의 비밀은 당신이 매일 반복하는 일에서 찾을 수 있다."

이 장에서는 매일 당신의 소명에 긍정의 답을 하는 것이 얼마나 중요한지, 그리고 일상생활에서 작은 긍정의 답을 하는 일이 특별한 사업과 인생을 만드는 데 어떤 영향을 주는지 보여주려고 한다.

—

반복되는 매일은 성공을 위한 근육운동이다

아이들을 가르치던 초기에 나는 한꺼번에 너무 많은 일을 하느라 힘든 나날을 보냈다. 하루 세 끼 모두 도시락을 싸서 아침 7시까지 댄스 스튜디오에 갔다. 밥 먹는 시간을 아끼기 위해서였다. 우리 회사에서 관리자라곤 나밖에 없으니, 일과 중에 시간을 낭비하기라도 하면 꼼짝없이 밤늦게까지 그 시간을 보충해야 끝이 났다. 그러니 할 수 없이 책상에서 도시락을 먹어야만 했다. 낮에는 사무실에서 일하고 밤에는 늦게까지 아이들을 가르쳤다. 매일 오후 4시에 댄스복으로 갈아입고 5~6시간은 내가 하고 싶은 일인 아이들을 가르치는 데 사용했다.

그렇게 2년을 보낸 후 나는 거의 탈진 상태가 됐다. 특별히 잘못된 일은 없었지만 매일 하루 종일 내 힘으로 모든 것을 해내느라 지쳐 있었다. 한번은 친구에게 어려움을 토로한 적이 있다. 그 친구는 내가 느끼던 것을 정확하게 집어냈다.

"매일 반복되지 않는다면 인생은 그리 힘들지 않을 거야."

사실이었다. 그 순간 생각이 바뀌었다. 나는 소명을 추구하는데 중요한 것은 사업 요령을 배우거나 감을 잃지 않기 위해 계속해서 댄스 수업을 하는 것이 아니라는 걸 알게 되었다. 가장 중요한 것은 내 소명을 이뤄줄 일들을 일관되게 유지하는 것이다. 비록 지금 당장은 힘들고 지루하더라도. 이것을 깨닫고 나는 사업을 운영하는 일상적인 활동들을 고되고 지루한 것으로 여기는 대신 내 인생과 사업을 위한 근육운동이라고 여기기 시작했다.

사업가로서 내가 하고 있던 일상의 근력운동은 내가 댄서로서 견뎌야 했던 육체적 운동과 그다지 다르지 않았다. 댄서 시절 나는 연습할 때 기복 없이 일관성 있게 춤출 수 있어야 무대에서 더 강해진다는 것을 알게 됐다. 마찬가지로 매일 출근해 내가 세운 계획을 꾸준히 실천한다면 똑같은 일이 사업에서도 일어날 거라고 생각했다.

내가 매일 반복하는 성공 습관은 간단했다. 일찍 출근해서 메시지에 답하고, 뉴스레터를 메일로 보내고, 스케줄을 짜고, 계정을 관리하고, 수업 준비를 하고, 수업을 하고, 전화를 걸고, 다음 날을 위해 스튜디오를 청소하는 것이다. 이 목록에 있는 일들 중 그 자체로 어려운 것은 없었다. 중요한 것은 일관되게 유지하는 것, 그것이 바로 매일의 습관을 미래의 결과로 만드는 열쇠였다.

길게만 느껴지던 하루하루, 그리고 계속된 노력은 결국 나중에 빛을 발했다. 시간이 지나면서 나는 수업할 강사와 행정 일을 할 수 있는 인력을 더 고용할 수 있게 됐다. 여전히 그전처럼 많은 시간 동안 일을 해야 했지만 내가 열정을 가진 부분에 집중할 수 있게 되었다. 그 결과 사업의 거의 모든 것에 가속이 붙기 시작했다. 시간이 지나면서 나는 댄스 강습에서 벗어나 전 세계의 스튜디오 운영자들을 교육하는 일로 전환할 수 있었다. 세상 사람들에게는 하룻밤에 성공한 것처럼 보일지 모르겠지만 실은 작은 긍정의 답이 15년 동안 쌓인 결과였다.

일상에도 전략이 필요하다

하루 중 작은 긍정의 답을 하는 모든 결정은 당신을 한 발짝 더 나아가게 할 수 있다. 따라서 당신이 계속해서 나아갈 수 있게 해주는 진짜 전략을 짜는 일이 중요하다. 2장에서 나는 나 자신으로부터 나를 구하기 위해 만든 일과를 소개했다. 여기서 다시 핵심만 요약한다.

기상

아침 먹기

운동하기

최우선순위의 일을 하기

점심 먹기

최우선순위의 일을 더 하기

소통하기

가족을 위해 시간을 보내기

이런 일과 덕분에 나는 하루하루를 어떻게 보낼지 알 수 있다. 그러나 그것만으로는 충분하지 않다. 실제로 일과를 따르려면 진짜 전략이 필요하다. 내가 하고 싶은 대로 한다면 나는 침대에서 커피와 팬케이크를 먹고 SNS를 보면서 내 소명을 이룰 방법을 궁리하게 될 것이다. 정작 소명을 이루기 위해 필요한 힘든 일은 피하면서 말이다. 나 자신이 그렇게 될 것이라는 걸 나는 잘 알고 있다. 그래서 나는 전략을 세워서 일과의 작은 부분들을 확실히 해내도록 만들었다. 이 간단한 전략은 시간이 지나면서 쌓이면 커다란 결과를 이루게 될 것이다.

내 전략은 매일 새롭게 시작된다. 예를 들어, 내 목표는 매일 새벽 5시 30분에 일어나는 것이다. 그렇게 하기 위해 나는 알람시계를 의자 위에 올려놓는다. 알람시계를 끄려면 침대에서 나와야 하도록 만든 것이다. 운동을 하려면 내가 확실하게 운동을 하게 만들 파트너가 필요하다. 현재 나의 파트너는 온라인 요가 훈련 캠프다.

나는 또한 최우선순위의 일에 집중하기 위한 전략도 가지고 있다. 한 번에 하나만을 하는 것이 그 전략이다. 내가 점심을 때 우는 전략은 남은 음식을 먹는 것이고, 저녁 시간에 가족에 집중하는 전략은 휴대폰을 차에 두고 내리는 것이다. 나의 수면 전략은 저녁 시간부터 시작해 컴퓨터 화면을 점점 흐리게 만들어 잠을 자야 할 때쯤이면 더 이상 글자를 읽을 수 없게 만드는 프로그램을 실행하는 것이다. 결국 스크린의 글자를 읽는 데 지쳐 컴퓨터를 끄고 잠들게 된다. 이런 전략은 그리 대단하거나 복잡한 것이 아니다. 내가 나 자신을 위해 설정해놓은 일과를 따를 가능성을 높여주는 도화선 같은 것이다.

우리 삶에서 일과를 실천하게 해주는 전략은 사업에도 적용할 수 있다. 예를 들어, 사업을 잘 돌아가게 하기 위해 매주 내가 해야 하는 일이 있다. 지역사회에 우리 프로그램을 홍보하고, 우리 강사들, 고객들과 소통하고, 새로운 프로그램을 개발할 시간을 확보하고, 수업 방식을 개발하고, 재정 상태를 확인하는 일이다. 나는 달력에 특정 활동에 집중하는 날을 표시해놓는 전략을 생

코끼리를 먹는 방법

각해냈다. 예들 들어, 달력에 화요일을 '소통 화요일'이라고 표시해놓고 그날은 직원들과 소통하고 그들에게 멘토링하는 데 집중한다. 내 사업의 핵심 활동을 월, 화, 수, 목, 금요일에 각각 할당해서 그날은 다른 일에 구애받지 않고 하루 종일 그 일에만 전념할 수 있다.

원스몰예스닷컴onesmallyes.com에서 '작은 긍정의 답 일과표'를 다운받으면 더 많은 아이디어들을 얻을 수 있다. 매일 긍정의 답을 하는 것은 중요하다. 그러나 훨씬 더 중요한 것은 당신 자신을 아는 것이다. 어떤 사람에게는 매일 긍정의 답을 하는 것이 쉽지만 어떤 사람에게는 어려울 수도 있다. 소명을 향해 당신을 움직이게 해줄 작은 선택들을 계속하기 위해서는 진짜 전략이 필요하다. 일과에 연관된 전략을 짜면 당신이 중요하다고 생각하는 것에 집중할 확률이 높아진다.

살아 있는 개구리를 먹어라

작은 긍정의 답을 하는 일이 모든 사람에게 똑같이 어려운 일은 아니다. 예를 들어, 내 남편은 하루 종일 일을 하고도 운동화를 신고 8km을 뛰는 데 전혀 문제가 없다. 하지만 나는 오전에 운동을 하지 않으면 그 후에는 운동을 하기가 힘들어진다. 그래서 힘든 일은 아침에 처리한다.

마크 트웨인은 이에 대해 최고의 표현을 했다.

"아침에 일어나자마자 살아 있는 개구리를 먹어라. 그러면 그날 하루 동안 더 나쁜 일은 일어나지 않을 것이다."

같은 원리가 매일 긍정의 답을 하는 일에도 적용된다. 더 나은 삶과 사업을 구축하기 위해 해야 하는 결정 중 어떤 것들은 시간이 지나면 자연스러워질 것이고 자동으로 될 것이다. 당신의 기질과는 정반대라 내리기 어려운 결정도 있을 것이다. 어떤 일이 힘들 거라는 걸 안다면, 마크 트웨인이 제안한 대로 다른 일을 하기 전에 '살아 있는 개구리를 먼저 먹어라.'

코끼리를 먹는 방법

침대에서 나올 수 없어 살아 있는 개구리도 먹을 수 없었던 사람을 나는 알고 있다. 핼 엘로드라는 이름의 젊은이는 끔찍한 자동차 사고로 사경을 헤매다 겨우 살아나 매우 힘들게 건강을 회복했다. 육체적으로 약하고 정신적으로 암울했던 그는 사고 전에 누린 성공적인 과거를 생각하면서 사고 이후의 시간을 보냈다. 확실한 것은 앞날이 어둡다는 것뿐이었다.

엘로드는 이 상태로 몇 달을 보냈다. 완전히 파산해 거의 한 푼도 없는 상태가 됐다. 그러던 어느 날 한 친구가 그에게 새벽 5시에 일어나 다시 일어서는 데 필요한 운동을 조금씩 해보라고 제안했다. 그는 결코 일찍 일어나는 유형이 아니었다. 성공한 세일즈맨이었을 때에도 그랬다. 하지만 그는 친구의 제안을 받아들였고 살아 있는 개구리를 먹기로 결정했다. 그는 하루를 일찍 일어났다. 그리고 그 뒤에도 계속해서 일찍 일어났다. 망가진 몸을 움직이고 요가와 명상을 하며 생각에 집중했다. 그는 자신이 원하는 것과 현실이 일치하지 않을 때도 긍정적인 확신을 반복했다.

이 모든 작고 어려운 이른 아침의 활동들은 시간이 지나면서 서서히 진전을 보이기 시작했다. 매일의 작은 진전은 열정으로 바뀌었고 결국 그 열정은 엘로드가 자신의 경험을 담은《기적의 아침The Miracle Morining》이라는 베스트셀러를 쓰게 만들었다.

엘로드는 '한 번에 수백만 명을 하루아침에 변화시키자'는 소명을 가지게 됐다. 그리고 그는 지금도 그 일을 잘해내고 있다. 7권의 책을 쓰고, 팟캐스트를 진행하고, 자신의 이름을 딴 라이브 이벤트를 성공적으로 진행하고 있다. 그는 어려운 일을 먼저 하는 것으로 자신의 소명을 이루고 있다. 그가 아침에 살아 있는 개구리를 먹지 않았다면 수십만의 사람들이 새벽 5시에 자신의 소명에 긍정의 답을 하며 하루를 시작하는 지금과 같은 상황은 없었을 것이다.

—

나에게 맞는 멘토와 동기부여자를 찾아라

엘로드와 같은 사람은 수십만 사람들의 멘토가 되고 수백만 사람들에게 동기를 부여할 수 있는 역량이 있는 사람이다. 멘토와 동기부여자는 적절한 관계와 형식, 빈도로 당신이 매일 소명을 향해 작은 긍정의 답을 하며 전진하도록 도울 것이다.

깊고 개인적인 관계를 맺은 사람만이 멘토는 아니다. 그 사람이 지은 책에서 지혜로운 카운슬링을 받거나 본보기로 삼을 수 있다면 한 번도 만나지 않은 사람도 멘토가 될 수 있다. 직접 만나 멘토를 얻든 직업적인 존경으로 멘토를 얻든 당신의 여정에 크게 도움을 받게 될 것이다.

내게도 멘토가 몇 명 있다. 그들이 없었다면 지금 같은 삶은 불가능했을 것이다. 의문이 생길 때나 중요한 결정을 할 때, 방향이 필요할 때 내가 가장 먼저 하는 일이 멘토에게 가는 것이다. 어떤 일을 어떻게 헤쳐나가야 하는지 모를 때 나는 데이브에게 연락한다. 아이를 키우는 것에 관한 문제라면 케런이 내게 도움을 줄 것이다. 새로운 사업 아이디어에 관해선 폴에게 조언을 얻고, 브래드와 켈리에게서는 건강한 결혼 생활을 위한 충고를 얻는다. 걱정되는 학생이 있으면 리즈에게 시각과 통찰을 구한다. 스스로에 대한 믿음이 약해질 때는 미셸과 시간을 보낸다. 그들 모두 바쁜 생활에도 불구하고 자기 삶과 사업에 대한 지혜를 언제든지 나눠준다. 그들의 개인적인 이야기와 통찰로부터 얻은 가르침으로 나만의 이야기를 써올 수 있었다. 좋은 멘토는 당신의 이야기에도 도움을 줄 것이다.

동기부여자는 멘토와 다르다. 동기부여자는 사람일 수도 있지만 동영상, 이야기, 팟캐스트, 책, 영화, 웹 세미나, 코칭 프로그램 또는 잡지 기사일 수도 있다. 멘토와 멘티의 관계는 그 수가 적고 비교적 깊은 관계인 반면 동기부여자의 범위는 더 넓다. 동기부여자는 개인적인 관계를 필요로 하지 않는다. 정보에 접근할 수 있기만 하면 된다. 듣는 것을 통해 배우고 싶다면 동기를 부여해주는 팟캐스트를 구독하라. 당신이 촉각을 선호하는 편이라면 웹 세미나나 책이 동기부여자가 될 것이다. 강제성이 필요하다면 성과가 검증된 코칭 프로그램을 찾아라. 당신이 큰 그림을 향해 전진하도록 도움을 받을 수 있을 것이다.

당신의 스타일에 따라 멘토와 동기부여자는 당신에게 적당한 만큼만 취하라. 예를 들어, 나는 멘토와 함께 식사를 하거나 프로젝트를 같이 진행하면서 교감하는 걸 좋아한다. 교실이나 더 공식적인 만남을 통해 멘토와 교감하는 것을 선호하는 사람도 있다. 또한 나는 아침과 저녁 일상에 맞춰 매일 조금씩 동기부여를 받는다. 일주일간 이어지는 컨퍼런스와 세미나에서 한꺼번에 동기부여를 받는 것을 선호하는 사람도 있다.

어떤 방법이 옳고 어떤 방법이 그르다는 건 없다. 당신에게 옳은 방법만 있을 뿐이다. 중요한 것은 멘토 관계와 동기부여를 당신의 일상적인 일들에 녹여서 계속 영감과 충고를 받을 수 있게 하는 것이다.

—

멈춰야 할 때와 가속해야 할 때

당신의 소명이 목적지라면 매일 당신의 소명에 긍정의 답을 하는 일은 당신을 그 목적지에 닿게 해주는 자동차와 같다. 그래서 당신이 긍정의 답에 언제 브레이크를 걸고, 언제 가속을 해야 하는지가 중요하다.

내 친구 브래드는 언젠가 내게 좋은 결혼 생활의 비결은 엑셀과 브레이크를 적절히 구사하는 것이라고 말했다. 엑셀과 브레이크를 동시에 밟지만 않으면 결혼 생활은 잘 이뤄질 것이라고 말했다. 적당한 시점에 엑셀을 밟거나 브레이크를 밟으면 신나는 여행이 될 것이다. 반면 두 페달을 동시에 밟는다면 결혼 생활은 아주 빠르게 힘들어질 것이다. 인간관계에도, 우리 삶에도 가속 페달과 브레이크가 차지하는 자리가 있다. 동시에 자리를 차지하지만 않으면 된다.

소명을 추구하는 일도 다르지 않다. 부드럽게 가고 싶으면 긍정의 답에 언제 브레이크를 밟고 언제 엑셀을 밟을지를 알아야 한다. 내가 아주 힘들게 배운 교훈이다.

사업을 시작한 지 3년차에 나는 댄스 스튜디오를 하나 더 열기로 했다. 남편에게 이 생각을 얘기했을 때 남편은 놀라지도 않은 채 '좋지 않은 생각'이라고 말했다. 남편의 이유는 타당했다. 내가 둘째를 임신하고 있었고, 사업을 시작한지 얼마 되지 않았으며, 두 번째 스튜디오가 아주 빠르게 성공하지 않는 한, 두 번째 스튜디오를 유지할 만한 여력이 없다는 것이었다.

하지만 나는 이 멋진 생각에 브레이크를 거는 걸 참을 수 없었다. 긍정의 답을 하는 나의 이유가 부정의 답을 하는 그의 이유보다 더 설득력 있다고 생각했다. 내가 보기엔, 이미 한 장소에서 댄스 스튜디오를 확실히 성공시켰는데 다른 지역에서 못할 이유가 없었다. 내게 아이들을 가르치는 소명이 있다면 지역 사회에서 더 많은 아이들을 가르치는 게 더 나을 것이라고 믿었다. 직원을 고용할 자금이 충분하지 않아서 대부분의 일을 혼자 해야 한다는 것도 알고 있었지만, 두 번째 스튜디오를 할 자리가 5분 정도밖에 떨어져 있지 않으니 내가 두 곳을 왔다 갔다 하면서 일하는 것이 그리 어렵지 않을 거라고 생각했다.

그러나 내 생각은 틀렸다. 완전히 틀렸다.

첫날부터 문제가 생겼다. 그리고 두 번째 스튜디오를 설립하는 모든 과정에서 난항이 계속됐다. 강사들은 두 번째 스튜디오로 가고 싶어 하지 않았고 학부모들도 수업 등록을 꺼렸다. 첫 번째 스튜디오에 장점이 더 많았기 때문이다. 비용은 많이 들고 등록은 저조했다. 쉽게 포기하지 않는 나는 다른 수단을 좀 더 쓰면 된다고 생각했다. 하지만 내가 더 많은 긍정의 답을 할수록, 즉 더 많은 직원을 쓰고 더 많은 광고를 할수록 우리 가족은 잘못되어갔다.

좌절하면서도 나는 2년 동안 계속 일을 몰아붙였다. 결국 나는 백기를 들었고 처음부터 남편이 옳았다는 점을 인정했다. 스튜디오의 문을 닫고 남은 계약 기간 동안의 월세를 날렸다. 당시 나는 내 삶을 회복하기 위해서라면 어떤 대가라도 치를 준비가 되어 있었다.

두 번째 스튜디오를 연다는 생각 자체가 틀렸다고 말하는 것이 아니다. 하지만 장소와 시기가 잘못되었고, 가족을 위해서도 옳은 일이 아니었다. 나는 브레이크를 밟아야 할 때 엑셀을 밟으며 2년을 보냈고 그 후 2년은 손실을 만회하는 데 시간을 낭비했다. 다시 두 번째 스튜디오를 열겠다는 생각은 있었다. 하지만 장소와 시기가 적당해야 하고 가장 중요한 요소인 내 가족에게도 적절한 때여야 할 것이다.

돌이켜보면 나는 소명에 앞서 달려 나갔던 것 같다. 두 번째 스튜디오를 열지 못하면 시장에서 뒤로 밀릴 것이라는 두려움을 갖고 있었던 것이다. 내가 둘째를 임신하고 있고 자금이 부족하다고 해서 긍정의 답을 늦추고 싶지 않았다. 둘째아이 임신과 출산에 몇 달의 시간을 쓰지 않은 대신 나는 잘못된 사업 결정에서 회복하는 데 4년을 써야 했다.

코끼리를 먹는 방법

소명을 추구하기 위해서는 작은 긍정의 답을 하는 데 전념하면서도 전진하겠다는 열정과 브레이크를 밟을 필요 사이에서 균형을 맞추어야 한다. 나처럼 잘못된 방향으로 가고 있다는 것을 알게 되면 밀어붙이는 대신 멈출 필요도 있다.

—

매일 3만 5천 번의 기회가 있다

다양한 인터넷 자료에 따르면 성인은 평균 하루에 3만 5천 번의 결정을 한다고 추산된다. 당신이 소명에 대해 긍정의 답을 할 기회가 3만 5천 번 있다는 뜻이다. 당신이 은행 계좌를 가지고 있고 1달러를 예금할 기회가 하루에 3만 5천 번이 있다고 상상해보자. 당신의 시간과 관심의 100%를 예금하는 데 쓰지 않겠는가?

나라면 그럴 것이다. 그리고 당신도 그럴 것이라고 생각한다.

그런데 혹시 아는가? 당신은 그것보다 훨씬 더 좋은 기회를 가지고 있다. 당신의 은행계좌에 1달러 이상을 저금할 기회가 하루에 3만 5천 번 있다. 당신은 작은 긍정의 답을 통해 앞으로 나아갈 3만 5천 번의 기회를 가지고 있다.

- 차별화를 이루는 삶을 살기
- 자신이 좋아하는 사업을 구축하기
- 오직 자신만이 할 수 있는 자취를 세상에 남기기
- 자신의 소명을 따르기 위해 튼튼한 기초를 다지기

당신의 시간과 관심을 100% 돈을 예금하는 데 쏟는다고 생각하면 신이 날 것이다. 돈은 작은 긍정의 답을 하는 여정에 필수적이지만 특별한 사업과 인생을 구축하는 것에 비하면 상대적으로 가치가 작다.

이제 모든 것을 걸어야 할 시간이다. 그 모든 것이란 바로 당신의 하루하루다. 매일 당신의 소명을 전진시키는 데 작은 긍정의 답을 끊임없이 하는 것은 쉬운 일이 아니다. 따라서 진짜 전략을 짜야 한다. 매일 당신이 할 일을 아는 것만으로는 충분하지 않다. 실제로 그 일을 확실하게 해야만 한다.

이제 매일 아침 일어나 당신이 해야 할 일의 목록을 살펴보고 먼저 살아 있는 개구리를 먹자. 하루 일과 중에 속도에 계속 신경을 쓰면서 나아갈 길을 주시하라. 엑셀을 밟아야 하는 시간과 브레이크를 밟아야 할 시간이 있겠지만, 결코 두 페달을 동시에 밟아서는 안 된다.

이것이 매일 하는 긍정의 답이다. 당신의 소명에 복리이자처럼 작용하는, 매일 이루어지는 작은 긍정의 답을 위한 결정이다. 매일 당신의 소명에 작은 긍정의 답을 예금하고, 조금 더 강해지고 현명해지며, 당신이 살도록 예정된 삶에 조금 더 가까워질 3만 5천 번의 기회가 있다. 시작하기에 오늘보다 더 좋은 날은 없다.

성공을 향한 여정을
함께할 도구상자

ONE small YES

소명의 길을 완주하고자 한다면
당신도 양말을 줍는 것을 멈추고
큰 바위를 움직여야 한다.

"일을 하려면 적당한 도구가 있어야 한다."

_폴 에버릴

어린 시절, 아버지는 내게 이 말을 수도 없이 많이 했다. 생계를 위해 트럭 운전 일을 했지만 아버지는 항상 뭔가를 만들어내는 기질을 타고난 사람이었다. 우리가 어릴 때 살던 집을 몇 년 동안이나 개조해서 미시시피 강을 쉽게 오갈 수 있는 주거용 보트를 만들기도 했다. 이 작업을 다 마치자 또 재주를 발휘해 여동생이 가지고 놀 장난감 집을 지었다. 이 밖에도 부엌 찬장, 장난감 상자, 책꽂이, 문 등을 만들었다. 어떤 작업을 하든 아버지는 항상 이렇게 말했다.

"얘야, 작업을 하려면 적당한 도구가 있어야 한단다."

일이란 자신의 소명, 즉 세상에 태어나서 해야 할 하나의 일을 추구하는 것이다. 자신이 속해 있는 가족, 공동체, 세계에 지대한 영향을 미치게 될 뭔가를 만들어내고자 한다면 그 일을 실행하기 위한 적당한 도구가 있어야 할 것이다.

이번 장에서 나는 당신이 작은 긍정의 답을 해나가는 여정에 가지고 갈 도구상자를 유용한 도구들로 채우고자 한다. 이것을 '작은 긍정의 답 도구상자'라고 부를 것이다. 이 상자에 좋은 도구를 채우면 흔들림 없이 소명을 추구할 수 있을 것이며, 한꺼번에 모든 것의 균형을 맞출 수 있다는 거짓말에 현혹되지 않을 것이다. 당신이 현실에 발을 계속 딛고 있을 수 있도록 만들어주는 누군가가 있다는 것이 중요하다는 것도 알게 될 것이다. 또한 당신의 삶에서 어리석은 생각을 떨쳐내고 당신에게 중요한 일에 긍정의 답을 하는 방법도 보여줄 것이다.

당신은 완벽한 사람이 될 수 없다

사업 초창기 봄 공연을 마친 지 며칠 지나지 않은 어느 날이 었다. 우리 부부는 한 살배기 아이를 데리고 샘스 클럽Sam's Club 이라고 하는 대형마트 안을 이리저리 돌아다니고 있었다. 전자 제품이 진열된 곳을 천천히 지나가고 있을 때 딸아이가 옹알이 를 하면서 반짝이는 제품들을 모두 가리키기 시작했다. 사람들 의 눈에는 우리가 오후에 쇼핑을 나온 전형적인 가족으로 보였 을 것이다. 남편은 평면 TV의 다양함에 대해 뭔가 말하고 있었 지만, 내 머릿속에서는 전혀 다른 말이 들려오고 있었다.

'정신을 잃을 것 같아. 대형마트의 한가운데에서 말이야.'

이런 생각을 하게 된 배경을 약간 설명하자면 이렇다. 당시 나 는 3년째 공연, 오디션, 반 배정, 등록 과정을 모두 무사히 마친 상태였다. 하루 종일 가족 상담, 질의응답, 불만 해결 등의 작업 을 해야 하는 2주간의 강행군이었다. 딸아이가 아침에 어린이 프로그램을 보는 동안 이메일 작업을 하고, 딸아이가 낮잠을 잘 때 중요한 통화를 했다. 잠은 부족했고 스트레스는 쌓여만 갔다. 그렇게는 더 이상 버티기 힘들었다. 마트에 갔던 날 딸아이가 쇼핑카트 안에서 뭔가를 가지고 즐겁게 노는 것을 보면서 나는 다 괜찮아질 것이라고 나 자신을 필사적으로 다독이고 있었다.

별 일 없이 집에 돌아오기는 했지만 문제는 밤에 생겼다. 결국 나는 이 모든 일을 도저히 감당할 수 없다고 남편에게 털어놨다. 하루 종일 집에서 일하는 풀타임 엄마, 풀타임 기업가, 풀타임 댄스 교사를 동시에 하려고 했지만, 그중 어느 것도 제대로 하고 있지 않다고 느낀 것이다. 손에 얼굴을 묻고 눈물을 흘리면서 나는 내 소명을 영원히 포기해야겠다는 생각을 했다. 자상하면서도 논리적인 남편은 내 말을 참을성 있게 들어주었다.

충분하게 자고 일어난 다음 날 나는 남편과 마주앉아 생산적인 대화를 나눌 수 있었다. 물론 나는 내 소명을 포기하고 싶지 않았다! 소명을 포기하는 것은 있을 수 없는 일이었다. 하지만 가족을 잃는 것도, 내가 미쳐버리는 것도 다 싫었다. 하지만 뭔가는 포기해야 했다. 그 뭔가는 항상 모든 사람에게 내가 완벽한 사람이 되어야 한다는 마음이었다. 심지어 그런 사람이 될 수 있다는 욕심이었다. 모두 내가 가진 비이성적인 기대였다. 이렇게 첫 번째 도구가 나의 '작은 긍정의 답 도구상자'에 더해졌다.

아무도 완벽할 순 없다. 그래서 기대치를 낮춰야 한다. 이 말을 소명을 이루기 위한 팁으로 기대한 사람은 없을 것이다. 하지만 실제로 이 말은 완벽하게 들어맞는 말이다.

댄스 스튜디오를 열고 교실을 나의 무대로 만드는 일에 작은 긍정의 답을 했을 때, 나는 내 소명을 따르는 일이 흑백으로 구분되고 '예' 또는 '아니요'로 대답할 수 있는 명제라고 생각했다. 그 꿈을 추구하는 데 있어서 회색지대가 존재할 여지는 없었다. 하지만 어느 순간 모든 아이들과 모든 반을 위해 최고의 일을 해내겠다는 내 열망은 건강한 절제와 집중의 선을 넘어서고 말았다. 내가 추구했던 것은 높은 기대치가 아니라 완벽함이었다. 그리고 그 과정에서 나는 내 자신과 가족이 도저히 견디기 힘든 상황을 만들어냈던 것이다.

기대치를 낮추라는 남편의 충고는 그 어려웠던 시기에 내가 받을 수 있는 최선의 구명줄이었다. 나는 항상 모든 사람을 만족시킬 수는 없다는 것을 깨닫게 되었다. 그래서 100% 인정을 받는다는 불가능한 목표는 버려도 된다고 생각했다. 미국 대통령도 임기 동안 50% 지지율을 넘어서기가 쉽지 않다는 상황을 생각해보았다. 그러면서 내 고객의 90%는 내가 어떻게 사업을 했는지, 그 사업으로 차별화를 이루려는 나의 열망이 어떤 것인지를 충분히 이해했다는 사실만으로도 만족할 수 있었다.

또한 항상 옳은 결정을 해야 한다는 기대치를 낮췄다. 사업은 과학이 아니다. 사업은 사람과의 관계이며, 사업을 하려면 이 관계들을 잘 헤쳐 나가야 한다. 또한 가정생활을 충실하게 하려면 항상 사업의 현장에 있을 수는 없다는 사실을 받아들이게 됐다. 사업체를 운영하려면 내 가족을 위해, 그리고 나 혼자 집에서 모든 것을 할 수 없다는 사실도 인정하게 됐다. 이 말은 내가 양쪽 전선 모두에서 도움을 받아야 하며, 내가 자리를 비울 때 다른 사람들에게 결정권을 주고 믿고 맡겨야 한다는 뜻이다.

만약 이처럼 기대치를 낮추지 않았다면 나는 완벽함이라는 압박에 굴복했을 것이 거의 확실하다. 내가 불가능한 기대치를 붙잡고 계속해서 사업을 경영했다면 내 가족은 고통을 받았을 것이다. 내가 사업을 접었다면 수많은 어린이와 전 세계의 수많은 댄서들은 더 건강한 댄스를 경험할 기회를 놓쳤을 것이다. 오래 전에 내 기대치의 범위를 넓게 확장했기 때문에 나는 내 가족도 내 정신도 잃지 않고 장기적으로 소명을 추구할 수 있게 되었다.

—

균형을 잡을 수 있다는 거짓말

2013년 유명한 공중 곡예사 닉 월렌다가 그랜드 캐니언에서 줄타기를 하는 장면을 사상 최초로 TV 생중계를 한 적이 있다. 비극적인 사고가 일어날 만약의 사태에 대비해 10초 늦은 화면으로 중계했다는 것을 알고 있었지만, 두 눈을 다 뜨고 그 장면을 지켜보기는 정말 힘들었다. 두 손으로 얼굴을 가렸지만 월렌다가 그 가느다란 줄 위를 어느 정도 지나갔을 때 다소 떨기 시작하는 것이 보였다. 바람이 협곡 쪽에서 위로 치고 올라오면서 줄은 더 세게 흔들리기 시작했다. 월렌다는 균형을 회복하기 위해 쭈그려 앉을 수밖에 없었다. 몇 번을 다시 시작하고 멈추기를 반복하면서 반대쪽으로 건너갈 수 없을 것 같은 순간들을 맞았다. 결국 그는 이 과감한 도전을 성공적으로 마쳤고, 전국의 시청자들은 거실에서 안도의 환호성을 내질렀다.

TV 중계를 보면서 두 가지 생각이 스쳤다. 우선 줄에 기꺼이 목숨을 걸고 할아버지의 공중곡예 유산을 이어가겠다는 이 과감한 슈퍼 영웅이 소명을 완수하는 것을 보고 나는 매력을 느꼈다. 다른 한편으로는 내가 소명을 완수하기 위해 선택한 기업 경영과 줄타기 사이에 유사점이 있다는 느낌을 지울 수가 없었다. 기업 경영에서도 목표는 줄타기처럼 먼 곳에 있고, 위험은 실존하며, 쭈그려 앉아서 흔들림과 바람이 멈추기를 기다렸다가 다시 시작해야 하는 순간들이 있기 때문이다.

이러한 관찰은 내가 처음은 아니다. 직업을 갖는 것과 가정을 꾸리는 것 사이에서 균형을 잡는 것을 줄타기에 많이 비유한다. 나 역시 나의 소명을 추구하고 가족을 보살피는 일을 시작하면서 많이 공감했다. 사업이 커져가고 가족이 생기면서 나는 '균형 전략'을 짜냈다. 내 시간과 에너지를 충분히 작은 조각으로 쪼갤 수 있다면 두 영역 사이에 균등하게 분배할 수 있다고 생각했다.

하지만 그것은 불가능했다. 시간이 지나면서 알게 된 것은 나의 작은 부분만을 원하는 사람은 아무도 없다는 점이다. 내 삶에서 중요한 영역의 각 부분에 내 자신의 일부만 줘봤자 온전함을 느끼지 못한다는 점도 깨달았다. 넷째아이가 태어나자 균형을 맞추는 가식적인 행위는 끝이 났다. 집에서 일을 하거나 집안일을 직장까지 가져가는 것은 더 이상 불가능했다. 균형을 맞추는 비현실적인 행위를 포기하고 균형이 어긋나는 것에 편안해져야 할 때가 왔다. 이렇게 해서 나는 '작은 긍정의 답 도구상자'에 두 번째 도구를 더하게 됐다.

나는 가정과 직장 사이의 관계를 불안한 줄타기로 생각하는 대신 시소를 타는 것이라고 생각하기 시작했다. 어릴 적 학교 운동장에 있던 그 시소 말이다. 시소를 타다 보면 올라갈 때도 있고 내려갈 때도 있다. 하지만 두 상태 중 한 번에 하나밖에 선택할 수 없다. 그래서 댄스 스튜디오에 출근하기 위해 일주일에 몇 번은 아이들을 아침에 돌봐주는 사람을 고용했다. 집에 돌아왔을 때는 전화기를 끄고 가족에 전념하도록 나 자신을 훈련시켰다.

그럼에도 불구하고, 나는 여전히 너무 많은 조각들로 갈라져 있었다. 다섯째 아이가 태어났을 때 나는 이제 균형이 어긋나는 것에 편안함을 느낄 시기가 왔다고 생각했다. 강습 스케줄을 줄여 밤에 아이들과 같이 있기로 결정했다. 별로 큰 변화가 아닌 것처럼 보이지만, 나는 중학교 때부터 주중에는 거의 매일 밤을 댄스 스튜디오에서 보냈다. 내 사업 전체가 저녁에 강습 서비스를 제공하는 것에 기반을 두고 있었지만 저녁 강습 서비스를 더 이상 하지 않기로 했다. 아이들이 성장하고 활동하는 것을 놓치지 않기 위해 불가피한 선택이었다.

이 결정은 감정적으로도 경제적으로도 힘든 것이었다. 나 말고 다른 사람이 수업을 진행한다고 해서 아이들에게 긍정적인 영향을 준다는 내 소명을 포기하는 것은 아니라고, 자신에게 계속해서 일깨워주어야 했다. 고객이나 동료가 내 결정에 대해 물어보았을 때 나는 이렇게 대답했다.

"나는 언제든지 새로운 춤을 만들어낼 수도 있고 다른 수업을 해서 돈을 벌수도 있어요. 하지만 내 아이들을 키우는 기회는 다시 가질 수 없잖아요."

나는 당시 내가 할 수 있는 가장 중요한 일을 하기 위해 내 소명을 잠시 미루는 것에 긍정의 답을 했다. 그 일은 바로 내 아이들을 키우는 일이었다.

이런 변화로 인해 나는 때로는 외로움을 느꼈고, 거의 항상 균형이 어긋난다고 느꼈다. 하지만 나는 인생의 한 시기에 내 삶을 위한 최선의 답을 따르고 있다는 것을 알았기 때문에 마음은 편안했다. 사업을 매일 운영하는 역량 있는 팀이 있었기 때문에 나는 균형이 어긋난 상태에서 꼬박 1년을 보낼 수 있었다. 그렇게 지내면서도 여전히 내 댄스 스튜디오와 꾸준히 소통하고 모든 책임도 계속해서 지고 있었다. 하지만 저녁 시간만큼은 아이들을 돌보았고, 처음으로 다른 목표를 추구하는 데 시간을 사용했다. 잡지에 글을 기고하고, 각종 행사에서 강연을 하고, 내가 사업 초기에 겪었던 것과 같은 어려움을 겪는 다른 댄스 스튜디오 운영자들에게 상담도 해주었다. 다들 불가능한 기대치에 도달해야 한다는, 또 일과 삶의 균형 잡기를 해야 한다는 중압감에 시달리고 있었다.

시간적 여유가 생기자 우리가 이루어낸 것, 작은 긍정의 답을 하는 방법으로 소명을 따른 이야기가 다른 지역의 스튜디오 운영자들에게도 도움이 되겠다는 생각이 들었다. 18개월 동안 내가 배운 교훈을 어떻게 사람들에게 설명하고 도움을 줄지 생각했다. '모어 댄 저스트 그레이트 댄싱 어필리에이티드 스튜디오 More Than Just Great Dancing® Affiliated Studios'는 이렇게 해서 태어났다.

균형이 어긋나는 것에 편안해지지 못했다면 나는 아직도 가정과 댄스 스튜디오 사이에서 나 자신을 작은 조각으로 정교하게 자르고 있었을 것이다. 또한 이 새로운 스튜디오를 차리는 데 필요한 마음의 공간도 확보하지 못했을 것이다.

저녁 댄스 강습 스케줄을 없애고 아이들과 집에 있게 됐을 때 아주 중요한 일이 또 하나 일어났다. 내가 댄스 스튜디오에 없을 때는 다른 직원이 일을 처리하도록 만들 수 있었다는 것이다. 그 중 하나가 '섀이나'라는 이름의 장기 근속자였다.

—

나의 연을 잡아줄 줄을 확보하라

내가 섀이나를 처음 만난 것은 그녀가 고등학교 1학년 때였다. 섀이나는 내가 지도하던 주 1회 재즈 클래스의 학생이었다. 그 클래스를 운영하는 댄스 스튜디오는 내가 댄스를 배우면서 자란 곳이기도 하다. 섀이나와 나는 좋은 사제 관계를 유지했고, 그 관계는 그녀의 고등학교 시절 내내 지속됐다. 결국 섀이나는 대학에 진학하기도 전에 다른 댄스 스튜디오에서 내가 관리하는 팀의 강사가 되었다. 섀이나는 10대 시절 이미 재능 있는 강사였기 때문에 나는 그녀를 팀에서 떠나보내는 것이 슬펐다.

내가 나의 소명에 긍정의 답을 하고 댄스 스튜디오를 시작했을 때 섀이나는 내 큰 그림을 공유할 수 있는 최초의 사람이었다. 섀이나는 열정적으로 참여했고 '미스터 댄스 언리미티드 Misty's Dance Unlimited' 팀에서 활동한 19년 중 18년 동안 팀원으로 일했다. 섀이나가 시간제 강사에서 행정 관리자로, 그리고 지금은 책임자로 성장해온 것은 매우 놀라운 일이다. 섀이나는 현재 우리 댄스 스튜디오의 '접착제' 역할을 하고 있다. 섀이나와 나는 소매업과 댄스 대회를 포함한 다른 2개의 벤처에서 함께 일하는 사업 파트너이기도 하다.

하지만 섀이나의 역할은 내 스튜디오의 활동들을 결속시켜주는 접착제에만 그친 것이 아니다. 섀이나는 전 세계 '모어 댄 저스트 그레이트 댄싱 운동'이라고 불리는 연에 묶은 줄이라고 할 수 있다. 이 글을 쓰는 동안에도 우리는 164곳의 어필리에이티드 스튜디오를 통해 매주 6만 명이 넘는 아이들에게 긍정적인 영향을 미친다. 매주 우리의 지역 댄스 스튜디오에서 하는 일 덕분이다. 우리가 지역 스튜디오에서 하는 활동은 섀이나의 책임하에서 이루어지고 있다. 이는 '작은 긍정의 답 도구상자'에 세 번째 내용으로 추가된다.

내가 나만의 비현실적인 생각과 기업가 특유의 오래 집중하지 못하는 특성을 가진 연이라면 나는 '나만의 생각'이라는 바람에 채찍질을 당하거나 나무에 걸려 꼼짝도 못한 채 시간을 보낼 것이다. 어떤 날이든 내가 꿈꾸는 것에 한계는 절대 존재하지 않는다. 내 리더십 팀의 팀원들은 거의 모든 주간 미팅에서 내가 "아이디어가 있어!"라고 외치는 소리를 듣는다. 그런 아이디어들 중 하나인 '모어 댄 저스트 그레이트 댄싱' 같은 아이디어는 아주 훌륭한 결과를 만들었다. 하지만 그렇지 않은 경우도 많았다. 훌륭한 결과보다 더 많았다고 할 수는 없지만 말이다.

아이디어는 위대한 것이다. 그리고 아이디어를 만들어내는 것은 성장의 필수다. 하지만 큰 그림을 가지고 적절한 시각으로 상황을 계속 주시하는 것이 중요하다. 섀이나는 내 스튜디오라는 연에 묶인 줄이다. 그녀는 시간, 인원, 비용, 결과의 측면에서 내 아이디어들을 평가하는 데 도움을 준다. 섀이나는 내 연이 멀리 날아가지 않도록 해주고, 우리가 시작하기로 한 것을 실제로 시작하기 전에 관련된 모든 구체적인 것들을 확실히 체크해준다.

리즈는 내 인생에서 또 하나의 중요한 줄이다. 그녀는 우리 회사의 계열사들에서 4개의 직책을 맡아왔다. 이런 경험 덕분에 리즈는 나의 연이 가진 강점과 극복해야 할 점의 범위가 어디까지인지 잘 알고 있다. 각각의 직책을 맡으면서 리즈는 내가 땅에서 멀어지지 않도록 잡아주는 줄의 역할을 해왔다.

내 댄스 스튜디오에서 비즈니스 매니저로 일할 때 리즈는 소프트웨어와 시스템을 이용해 우리가 당시 새로 추가한 프로그램들을 정리해줬다. 모어 댄 저스트 그레이트 댄싱의 회원관리 담당 이사로서 리즈는 팀을 위해 더 많이 일했을 뿐만 아니라 우리 회원들에게 실제로 도움이 되는 일을 하는 데 도움을 주었다. 리즈는 현재 자신이 앞장서 만든 우리 온라인 매거진의 편집이사다. 내가 새로운 일을 벌이려고 할 때면 그녀는 "우리 매거진의 비전은 무엇인가?"라는 물음을 통해 우리 매거진의 목적에 계속 집중할 수 있게 해준다.

리즈는 아직도 댄스 스튜디오에서 수업을 하고, 별도 레슨을 하며, 시간이 되는 대로 학생들의 멘토 역할을 하고 있다. 이런 모든 활동을 하면서 리즈는 계속해서 묻는다.

"이 결정, 댄스 프로그램이나 기사가 학생들이 삶에 대해 더 자신감을 가지도록 도와주는가?"

우리 회사들은 계속해서 성장을 거듭하고 있지만 리즈의 활동은 내가 나의 소명의식을 잃지 않도록 해준다.

내 댄스 관련 사업체들의 운영이사로 일하는 친동생 알라나도 나의 소명을 계속해서 일깨워주면서 내 삶의 줄 역할을 하고 있다. 올해 초 알라나에게 팟캐스트를 시작할 생각이라고 말했다. 내게는 팟캐스트 운영 방법을 알려줄 좋은 친구 한 명과 이미 성공적으로 팟캐스트를 운영하고 있는 친구들이 있었다. 나는 그 친구들을 믿고 새로운 팟캐스트를 시작할 시간을 내야 한다고 확신하고 있었다. 회의를 하기 위해 방에서 나가는 길에 알라나의 방에 들러 그날 오후 전문 회사가 녹음하기로 되어 있는 팟캐스트의 인트로 원고를 보여주었다. 그리고 갑작스럽게 부탁을 했다.

"오늘 오후에 녹음실에 보낼 수 있도록 원고를 좀 봐주었으면 해. 세 문장밖에 안 되지만 내가 볼 시간이 없어서 말이야."

그러자 알라나는 내게 돌직구를 던졌다.

"언니가 이 세 문장을 다시 손볼 시간이 없다는 건 팟캐스트를 할 시간도 없다는 거야."

헉! 나무에 걸려 있던 연이 풀려나가려던 순간, 다행히 줄이 작동했다. 나는 친구에게 이메일을 보내 팟캐스트 작업을 보류하자고 말했다. 팟캐스트를 꼭 해야 할지도 더 이상 확신할 수 없게 되었지만 '지금 당장' 해야 하는 일이 아니라는 것은 분명했다.

그 팟캐스트를 시작했더라면 나는 스튜디오 관련 프로그램에서 손을 떼야 했을 것이다. 그렇게 되면 새로운 온라인 매거진에 사용할 자원이 줄어들었을 것이었다. 알라나가 그날 내 연에 줄이 되어주지 않았다면 내가 아주 중요하다고 생각하는 두 사업이 피해를 입었을 것이고, 동시에 나는 팟캐스트 청취자를 확보하느라 고군분투했을 것이다. '윈윈win-win'이라는 말을 들어보았을 것이다. 내가 나만의 생각에 빠져 있었다면 그 상황은 '루

즈루즈lose-lose'가 되었을 것이었다.

당신의 소명이라는 연에 줄이 가지는 현실화의 힘은 아무리 높게 평가해도 지나치지 않는다. 당신의 진정한 소명을 지켜나 가면서 세상에 영향을 미치려면 당신의 연에 줄이 달려 있어야 한다. 내 경우는 3개 정도 가지고 있다.

—

양말이 아니라 큰 바위부터 해결하라

다음의 상황을 한번 생각해보자. 오후 5시다. 아이들이 배가 고 픈 상황이다. 실제로 이들은 그냥 배고픈 아이들 정도가 아니다. 당신이 식사를 준비하는 동안에도 과자를 찾아 찬장 문을 여는 야수라고 해야 할 것이다. 한 아이는 당신의 다리에 매달려 있고 다른 한 아이는 천장에 달린 선풍기에 매달려 있다. 지금 당장 이 아이들이 원하는 것은 음식이다. 그리고 이런 혼란의 와중에 가스레인지를 끄고 울고 있는 아이를 다리에서 떼어내고 어지럽게 거실에 널린 양말들을 줍는 데 시간을 써야 하는 상황이다.

농담하냐고? 아이들은 이미 이성을 잃은 상황이다. 저녁을 먹을 시간이 되었는데 저녁 준비를 중단하고 다른 방에 가서 양말을 치우겠다고? 아니다. 당신은 그렇게 하지 않을 것이다. 가스레인지를 켜서 파스타를 만들고 최대한 빨리 접시에 담으려고 할 것이다. 여기서 네 번째 도구가 '작은 긍정의 답 도구상자'에 더해진다.

나에게 저녁 시간은 움직일 수 없는 '큰 바위' 같은 문제다. 집에 아이들이 있든 없든 매일 해결해야 하는 문제인 것이다. 누구나 퇴근하거나 학교에서 돌아오면 먹어야 한다는 것은 잘 알고 있다. 하지만 나는 항상 저녁 시간이 벌써 돌아왔다는 사실에 놀랐고, 오후 5시가 되면 내 눈 앞에는 냉동 치킨이 놓여 있었다.

우리 집에서 저녁 식사는 대단히 푸짐한 식사가 아니었다. 애써 식사를 준비할 필요 없이 아이들에게 어느 정도 단백질을 공급하기 위한 일상적인 생존 전략이었기 때문이다. 아이들이 저녁 식사 시간에는 거의 정신을 잃기 때문에 내 머릿속에 드는 생각은 이것뿐이었다.

'이 혼란을 어떻게 최대한 빨리 수습할까?'

이제 이 저녁 상황을 당신의 소명을 추구하는 일에 적용해보자. 당신은 매일 커다란 바위 같은 문제들을 가지고 있다. 이 문제들을 이마로 들이받을 것인가, 아니면 회피하기 위해서 양말을 집어들 것인가?

내 소명을 추구하는 길에도 큰 바위가 있다. 지금쯤이면 내 소명의 범위가 시간이 지나면서 확장되어왔다는 것을 알아챘을 것이다. 공연자의 길을 추구하지 않고 댄스 스튜디오를 열겠다는 것에 작은 긍정의 답을 한 데서 시작한 것이 이제는 다른 댄스 스튜디오 운영자들을 교육시키고 전 세계의 학생들로까지 확장되어왔다. 한 지역의 작은 댄스 스튜디오 운영자가 전 세계적인 영향력을 가진 사람이 되기까지 내가 걸어온 길에는 전 세계를 대상으로 연설하는 놀라운 기회들이 펼쳐졌다. 그리고 작은 긍정의 답에 대한 책을 써야 한다는 많은 요청이 있었다.

이 책을 쓰는 일은 약 1년 동안 내 삶에서 큰 바위 역할을 해왔다. 시작하고 멈추기를 반복했다. 주제를 바꾸고 다시 시작하고, 또 멈췄다. 나만의 작은 긍정의 답 도구를 망각하고 있었던 것이다. 양말이 아니라 큰 바위를 해결하라. 어떻게 하다 보니

한 해가 훌쩍 가고, 이 책이라는 큰 바위는 여전히 그 자리에 건재해 내가 신경 써주기를 바라고 있다. 싫증이 났지만 그 해의 가장 큰 바위인 이 목표에 진전이 없다는 사실에 놀랄 것도 없었다. 나는 책 쓰기 프로그램에 등록해 일을 저지르기로 했다.

이 책을 현재 절반 정도나 쓰게 된 것은 이 큰 바위를 굴리기 위해 시간과 노력을 투자할 만큼 내 인생에서 양말을 줍는 일을 오랫동안 멈추었기 때문이다(이메일, SNS, 작은 문제나 핑계들, 심지어 빨래까지). 처음에는 정말 고통스러울 정도로 힘들었다. 나 자신에 대한 의심이 들었고, 책을 쓰려면 어마어마한 헌신이 필요하다는 사실에 압도당하기도 했다. 나는 내 안에 그 정도의 헌신이 있는지 확신하지 못했다. 대신 신경을 써야 하는 다른 일들이 많다는 사실만은 확신했다(어쨌든 양말이 혼자 저절로 정리되는 것은 아니니까 말이다).

하지만 내가 이 책이라는 바위를 계속 밀어붙이자 놀라운 일이 일어났다. 일이 조금씩 더 쉬워지기 시작한 것이다. 신이 나기 시작했고 가속도가 붙었다. 그리고 작은 긍정의 답에 관한 이야기를 풀어놓는 것을 즐기게 되었다. 이 책의 나머지 반은 처음

보다 훨씬 더 쓰기 쉬울 것이고 더 즐기면서 할 수 있을 것이라는 기대감도 생겼다.

내가 책 쓰기 프로그램에 등록하지 않았다면 아마 지금도 완성되지 않은 목차를 3주에 한 번씩 집어 들고 탁자 위의 먼지를 털어내고 있었을 것이다. 소명의 길을 완주하고자 한다면 당신도 양말을 줍는 것을 멈추고 큰 바위를 움직여야 한다.

하지만 어떤 상황에서는 당신의 인생에서 큰 바위를 움직여야 하는 것처럼, 또 어떤 상황에서는 큰 바위를 당신의 인생 밖으로 들어내야 한다.

—

일상에 가지치기를 하라

내 멘토인 대린 하디가 주최한 '높은 성과를 위한 엘리트 포럼'에 참석했을 때다. 나는 회의 테이블 오른쪽에 기대감을 가지고 앉아 있었다. 나는 이 포럼에 참석하도록 선정된 24명의 CEO에 비해 포럼 수준이 훨씬 더 높다는 것을 느끼고 있었다.

참가자들은 각자 사업을 하면서 얻은 가장 큰 교훈을 8분 동안 발표하도록 되어 있었다. 나는 준비가 되어 있었다. 내 주제를 잘 보여줄 파워포인트 자료를 준비했고, 발표의 요점을 더 부각하기 위해 각 CEO의 로고를 새긴 맞춤형 과자도 준비했다. 내 발표가 시작되고 6분 후 어린이 발레리나가 과자를 들고 입장하도록 대기시켜두었다. 그때의 이벤트는 아직도 사람들의 입에 오르내린다. 하지만 그날 가장 큰 영향을 미친 이벤트는 그것이 아니었다.

마크는 가장 먼저 발표를 한 사람이었다. 그는 메모도 손에 들지 않고 스크린으로 뭔가를 보여주지도 않았다. 마크는 발표장을 돌아다니며 2인치짜리 캘리포니아 건포도 피규어를 참석자들 앞에 하나씩 놓았다. 우리는 웃으면서 플라스틱 피규어를 만지작거리며 그의 설명을 기다렸다.

마크의 이야기는 짧았다. 그는 자신의 사업 성공에도 불구하고 자신의 삶을 즐기지 못하게 된 이유를 설명했다. 그는 건강이 좋지도 않았고 잠도 잘 자지 못했지만 의사들은 그의 병명을 진단해내지 못했다. 그래서 마크는 자신만의 처방을 생각해냈다.

인생에서 자신에게 기쁨을 주지 않거나 목적의식을 높여주지 못하는 모든 것을 잘라낸 것이다. 옷장, 주차장, 헌신해야 할 일, 일정 등을 잘라냈다. 사업체, 집, 자동차를 매각했다. 목적에 맞게 사용되지 못하고 있다면 무엇이든 없어져야 했다. 그 짧은 연설 말미에 마크는 이렇게 말했다.

"언제나 삶에서 불필요한 것들을 잘라내야 한다는 것을 일깨워드리기 위해 이 건포도를 드린 겁니다."

마크의 연설은 나의 '작은 긍정의 답 도구상자'에 다섯 번째 도구를 추가하는 계기가 되었다.

마크의 메시지를 듣고 나서 나는 잘라낸다는 생각에 대해 더 많은 것을 배워야겠다고 생각했다. 유명한 온라인 백과사전 위키피디아는 식물에 가지치기를 해야 하는 이유를 다음과 같이 정리하고 있다.

- 죽은 부분 제거하기
- 성장 방향을 통제하거나 정해주기
- 건강 상태를 개선하거나 유지하기

- 옮겨심기를 위한 표본 준비하기

- 수확량이나 열매의 질 높이기

- 병들고 상하거나 비생산적인 조직 제거하기

원예학자라면 누구나 정기적인 가지치기가 식물의 건강과 최종 열매 맺기에 필수적이라고 말할 것이다. 마찬가지로, 당신의 활동과 '물건'을 정기적으로 잘라내는 것은 당신의 소명에 계속해서 긍정의 답을 하고 결과를 이뤄내는 데 필수적이다. 일정, 옷장, 책장의 책들, 관계에 대한 헌신, 물리적인 공간에서부터 정신적인 공간에까지 정기적인 잘라내기는 더 강하고 빠르고 큰 결과를 만들어낼 것이다.

우리 CEO 그룹은 지난 몇 년 동안 발레리나가 등장한 내 발표에 대해 많은 얘기를 해왔다. 하지만 우리 행동에 훨씬 더 많은 영향을 미친 것은 마크의 발표였다. 나 역시 가정, 일정, 프로젝트에서 아주 많은 부분을 잘라냈다. 그 과정에서 나의 소명에 대한 작은 긍정의 결정을 할 수 있는 여지가 생겨났다. 인생에서 육체적, 감정적 교착 상태를 덜 겪으면 나에게 가장 중요한 것들을 해내기가 더 쉬워진다. 당신의 소명에 계속해서 집중하려고 한다면 당신이 달리려는 길에서 방해가 될 수 있는 잔가지들을 잘라내야 한다.

—

스스로를 도울 방법을 배워라

멜라니와 그녀의 파트너인 조디를 만난 것은 비즈니스 컨퍼런스에서 강의를 하고 있을 때였다. 하지만 실제로 내가 그들을 '만났다'라고 말하기에는 무리가 있을 수 있다. 내가 직원 혜택에 대해 강의하고 있을 때 조디가 이렇게 소리쳤다.

"당신 회사에서 일하고 싶네요!"

그날 오후 나는 호텔 카페에 있는 조디를 알아봤고 우리는 가벼운 대화와 함께 연락처를 교환했다. 그 뒤로 우리가 얼마나 깊고 의미 있는 친구 관계를 가지게 될지 그때는 전혀 알지 못했다.

그 컨퍼런스가 끝나고 몇 달이 지나는 동안 멜라니와 나는 이메일로 연락을 주고받았다. 멜라니는 예리한 비즈니스 감각과 자신이 가르치는 학생들의 삶을 변화시키겠다는 진짜 열정을 가진 사람이었다. 모어 댄 그레이트 댄싱 어필리에이티드 스튜디오를 설립함으로써 내 소명의 다음 단계에 긍정의 답을 했을 때, 그 계획을 처음 얘기한 사람이 바로 멜라니와 조디였다. 이 커플의 집 거실에 앉아 나의 비전을 나눈 기억이 아직도 생생하다. 그날 내가 내 생각을 얼마나 분명하게 말했는지는 잘 모르겠지만, 댄스 스튜디오 운영자로서 나의 여정, 그리고 다른 스튜디오 운영자들도 그들만의 소명을 따를 수 있게 도우려는 내 아이디어에 대해 충분히 설명했다.

멜라니는 이해하는 속도가 매우 빨라서 우리가 애정을 가지고 시작한 커뮤니티에서 첫날부터 적극적으로 활동했다. 멜라니는 우리 행사에 수없이 참석했으며, 포럼에도 자주 기여했다. 최근에 멜라니의 동료들은 그녀를 올해의 멤버로 선정했는데, 멜라니는 경제적으로 어려운 다른 멤버에게 상금을 기부했다. 멜라니는 국립 댄스 아트 학회를 시작했으며 다른 연계 학교들도 같은 학회를 시작하도록 교육했다. 그녀는 사업 규모를 두 배로 늘렸고 자신의 프로그램을 확장했다. 현재는 학생들과 커뮤니티에 더 많은 자선 기회를 제공하는 비영리 조직을 만들고 있다.

멜라니는 진정한 의미에서 진보의 상징이다. 의자를 뒤로 젖히고 자동주행 모드에서 편안하게 드라이브를 즐길 수도 있지만 그녀는 그렇게 하지 않는다. 우리를 대표하는 행사인 스튜디오 운영자 대학에 매년 참석하고 전화 세미나, 웹 세미나, 교육 등에도 참가해 질문하고 통찰을 공유한다. 멜라니는 '작은 긍정의 답 도구상자'에 담긴 여섯 번째 도구의 살아 있는 사례다.

멜라니는 놀라운 성공을 어느 정도 경험했다. 하지만 그렇다고 해서 그 성공이 쉽게 온 것은 아니다. 멜라니는 회계 프로그램을 가지고 일을 하느니 차라리 책을 한 권 읽는 것이 낫고, 큰 바위를 움직이는 것보다 양말을 줍는 것이 더 편하다고 할 만한 사람이다. 그래서 멜라니는 자신의 약점을 보완할 사람을 고용해 자신의 강점을 강화하는 법을 배워야 했다.

그럼에도 불구하고 그녀는 시간을 가지고 다른 누군가를 가르치는 것보다 스스로 빠르게 해치우려고 한다. 멜라니에게도 자신의 소명을 따르겠다는 결심에 의심이 들었던 때가 있었다. 멜라니는 대단한 성취 능력을 가지고 있지만 또한 인간이기도

하다. 그래서 그녀는 자신의 소명에 더 좋고 현명한 방법으로 긍정의 답을 하는 방법을 끊임없이 연구한다.

여기서 얻을 수 있는 중요한 교훈은 정신줄을 놓지 않고도 소명을 품을 수 있는 방법이 있다는 것이다. 또한 그렇게 하기 위해 자신을 백만 조각으로 쪼개지 않아도 된다는 것이다. 당신이 현실 감각을 잃지 않도록 해주는 사람들과 항상 가깝게 지내면서 인생에서 말이 되지 않는 것들을 잘라내 차별화된 인생과 사업을 구축하고 긍정의 대답을 하는 데 집중해야 한다. 바위는 스스로 움직이지 않는다. 따라서 그 바위들을 더 잘 움직일 수 있도록 당신 자신을 도울 방법들을 계속해서 배워야 한다. 아버지는 이렇게 말하곤 했다.

"일을 하기 위해서는 적당한 도구가 있어야 한단다."

STEP
05

세상과 같아져서는
세상을 바꿀 수 없다

ONE small YES

오해를 받고,
폄하되고, 무시당하는 것에
편안해져야 한다.

ONE Small *yes*

비관습적인: 일반적으로 행해지거나
믿어지는 것에 기초를 두거나 부합하지 않는

세상은 논리적인 삶을 사는 사람들로 가득 차
있다. 당신이 이 책을 읽고 있다면 당신 역시 그들 중 하나일 것
이다. 당신에게는 소명, 즉 세상에 남겨야 할 자취가 있다. 이 소
명을 따르는 것은 희생을 감수하는 것이며 기꺼이 비관습적인
결정을 내리는 것이다.

그렇게 하다 보면 때로 당신은 사회에 적응하기 힘든 사람이
라는 생각이 들 것이다. 하지만 당신은 결국 비관습적인 성향이
되는 것에 편안함을 느끼게 될 것이다. 당신은 일반적으로 행해

지거나 믿어지는 것들에 순응할 필요가 없다. 당신에게는 자신이 살고 싶은 삶을 살아가는 데 필요한 비관습적인 긍정의 답을 할 능력이 있다. 쉽지는 않을 것이다. 하지만 지혜와 투지가 있으면 작은 긍정의 답으로 그렇게 할 수 있을 것이다.

이 장에서 우리는 업계 전체와 반대로 움직이면서 자신의 소명을 따르기 위해 자신이 하던 일을 버린 사람들의 이야기를 통해 '비관습적인 긍정의 답'을 해야 할 이유에 대해 알아볼 것이다. 또한 시간이 가진 빠른 속도라는 속성이 당신이 긍정의 답을 하는 데 어떻게 영향을 미치고, 당신의 인생에 주어진 자원들로부터 어떻게 의미 있는 뭔가를 만들어낼 것인지 다룰 것이다. 당신의 소명이 비정통적이라고 느낀 적이 있었다면 이 장은 당신을 위한 것이다.

—

둥근 구멍에 네모난 말뚝 박기

내가 지인에게서 레슬리 스콧을 소개받은 것은 1년 전이었다.

전화 한 통만으로도 나는 스콧이 소명을 가진 사람이라는 것을 확신할 수 있었다. 그녀의 소명은 어마어마했다. 댄스를 하는 아이들을 성性적 대상으로 보는 경향과 그런 대상화의 위험에 대해 교육해서 세상 사람들이 댄스를 바라보는 시각을 바꿔놓는 것이다. 그녀는 워크숍 한 번, 영상물 한 번, 대화 한 번, 그리고 작은 긍정의 답 한 번으로 그 일을 해내고 있다.

스콧은 사회정의, 커뮤니티 구축, 그리고 포용성 실현을 위해 예술의 형태를 이용하려고 댄스 일을 시작했다. 하지만 이 생각은 그녀가 할리우드로 옮겨가 명성과 지위를 추구하는 과정에서 자신이 소모되는 것을 느끼면서 변하기 시작했다. 여러 해 동안 직업 댄서로 공연을 하고 학생들을 가르치던 그녀는 많은 아이들이 점점 더 많이 해로운 환경에 노출되고 있다는 것을 서서히 알게 됐다. 학생들에게 가르치는 움직임, 학생들이 입어야 하는 어른들의 옷, 학생들이 댄스를 하면서 반복적으로 들어야 하는 음악의 가사 등이 그들에게 피해를 입히고 있었다.

증거들이 쌓여가면서 스콧은 해마다 점점 더 많은 학생들이 자신의 이미지 문제로 고통받는 것을 보았다. 그녀는 댄스를 통해 건강한 경험을 만드는 데 앞장서는 것이 자신의 소명이라고 확신하게 되었다. 레슬리는 이 새로운 여정이 어떤 것이 될지는 몰랐지만, 자신이 문제의 일부가 되는 게 아니라 문제 해결의 일부가 되어야겠다는 결정을 했다. 그녀는 한 사람이 업계 전체를 어떻게 바꿀 수 있는지에 대해 전혀 아는 것이 없었다. 하지만 댄서라는 이전의 삶에서 벗어나 '댄스 청년 보호 주창자YPAD'라는 비영리 조직을 시작하는 데 작은 긍정의 답을 했다.

그날 스콧과의 대화는 너무나도 강렬해서 나는 그녀와 그녀의 남편, 아이들과 비서까지 우리 사무실로 초대했고 내가 첫 번째 '비전 후원자'가 되겠다고 제안했다. 우리가 함께 보낸 일주일 동안 나는 그녀가 얼마나 큰일을 이루었는지 알게 되었다. 또 그녀가 일의 중심을 엔터테인먼트에서 보호자 역할로 바꾼 이래 겪은 수많은 어려움에 대해서도 알게 되었다.

어떻게 보면 스콧은 이 업계에서 지배적인 기업들 중 어느 곳보다도 이 문제에 대한 경각심을 일깨우는 데 외롭지만 열정적인 목소리를 더 많이 내왔다. 그녀는 미국 심리학회 산하의 소녀성 대상화 문제 태스크포스의 토미 앤 로버트 박사처럼 영향력을 행사하는 사람들의 도움을 얻기까지 했다.

하지만 그 반대급부로 스콧은 업계와 어울리지 않는 일을 하겠다는 자신의 의지 때문에 개인적인 대가를 크게 치르기도 했다. 그 과정에서 그녀는 친구들과 에이전트, 일자리를 잃었다. 그 길은 쉽지 않았다. 하지만 레슬리는 자신의 비관습적인 긍정의 답을 계속해서 밀고 나갔다. 그녀는 달라지기 위해 그녀가 치러왔던 많은 비용에 신경 쓰지 않았다. 아이들이 자기 가치에 대해 제대로 의식하는 일에는 가격을 매길 수 없기 때문이다.

스콧은 업계 전체를 바꾸고 있다. 댄스 활동가가 되는 데 비관습적인 긍정의 답을 했기 때문이다. 당신의 소명은 그녀의 소명만큼 비관습적이 아닐 수도 있다. 하지만 당신의 여정 어딘가에서 당신도 비관습적인 어떤 것에 긍정의 답을 해야 할 것이다. 또한 일반적으로 믿어지거나 행해지는 것에 부합하지 않아도 문제가 없을 것이다. 세상과 같아져서는 세상을 바꿀 수 없다. 차별화된 삶과 사업을 이루고자 한다면 당신의 비관습적인 선택들이 당신의 가족, 친구, 동료들의 오해를 살 수 있다는 사실에 편안해져야 할 것이다.

오해받는 것에 편안해지자

오스틴 클레온은 《훔쳐라, 아티스트처럼》이라는 제목의 책을 낸 뉴욕타임스 베스트셀러 작가다. 클레온은 자신을 디지털 시대에 창의성을 추구하면서 그림을 그리는 작가라고 부른다. 그의 작품은 20개 언어로 번역되었으며, 그의 메시지는 픽사, 구글 같은 조직에서 공유되어왔다.

클레온의 작품이 널리 퍼져 있고 영향력이 있지만, 그렇다고 해서 사람들이 항상 그 작품들을 이해하는 것은 아니다. 그는 이렇게 말한다.

"사람들은 당신과 당신이 하는 일을 잘못 해석하기 마련이다. 따라서 오해를 받고, 폄하되고, 무시당하는 것에 편안해져야 한다. 요령은 '해야 할 일을 하면서 아주 바쁘게 사는 것'이다."

이것은 중요한 일을 하면서 자신의 삶을 살아가고 싶은 사람들을 위한 위대한 지혜다.

당신의 소명을 따르는 동안 오해받는다고 느낀 적이 있다면,

코끼리를 먹는 방법

당신만 그런 것이 아니다. 내 고객 중 한 명인 샤나는 자신의 사업을 위해 새 건물을 짓는 과정에서 수많은 불신을 견뎌야 했다. 많은 사람들이 아니라고 얘기할 때 그녀는 자신에게 계속해서 긍정의 답을 했다. 그녀는 자신이 건물을 짓기 위해 도약할 준비가 돼 있다는 것을 알고 있었다. 자신에게 그렇게 해야 할 소명이 있다는 확신이 있었고 의심하지 않았기 때문이다. 은행에서는 그녀에게 뭐라고 대답했을까? 그것은 "지금까지 당신은 취미로 여기까지 왔으니 그것에 만족하고 이제 사업 대신에 아이들 키우는 데에나 집중하세요"였다. 어떤 사람들은 이런 말을 듣고 무너지기도 한다. 하지만 자신의 목표에 대한 샤나의 집중은 이 말을 듣고 훨씬 더 강해졌다.

이런 깎아내리는 말들을 듣고도 샤나는 자신이 짓고자 하는 소명을 느낀 건물이 나중에 줄 보상을 포기하지 않았다. 결국 그녀는 자신의 삶을 바꾼 3가지 긍정의 답을 얻었다. 샤나를 믿어준 놀라운 은행, 그리고 건물이 지어지는 동안 추가 보증으로 양도성예금증서에 돈을 넣어준 두 친구가 그 3가지다. 그 친구들은 샤나의 사업 경로를 바꾸는 것을 계속해서 도와주었을 뿐만 아니라 지난 3년 동안 그 건물에서 레슨을 받은 1,000명의 아이들의 삶에 영향을 미치는 것에도 도움을 주었다.

클레온처럼 자신의 일에서 성취를 하든, 샤나처럼 앞으로의 여정에 첫 번째 긍정의 답을 말 했든, 오해받는 것에 편안해져야 한다. 모든 사람이 당신의 소명을 당신만큼 확실하게 보지는 못할 것이다. 실제로 사람들은 당신의 소명을 이해하기보다는 그 소명을 보지 못하고 깎아내리거나 아주 무시할 가능성이 많다. 이들 중 일부는 마음이 추한 사람일 수도 있다. 하지만 대부분은 자신의 삶을 사느라, 자신만의 소명을 추구하느라 너무 바빠서 당신의 소명을 이해하지 못하는 것이다. 어쨌든 계속해서 긍정의 답을 해야 한다. 당신 주변 사람들에게는 비관습적인 일일지라도 그렇게 해야 한다. 세상은 당신이 소명을 이루고 자취를 남기기를 요구한다. 낭비할 시간이 없다.

코끼리를 먹는 방법

시간은 갈수록 빨리 흐른다

시간은 이상한 것이다. 시간이 점점 더 빨리 흐른다는 느낌을 나타내는 '제노자인Zenosyne'은 《불분명한 슬픔들의 사전The Dictionary of Obscure Sorrows》을 쓴 존 쾨닉이 만든 말이다. 비록 만들어진 말이지만, 나는 이 단어가 실제 경험을 나타내고 있다고 생각한다.

큰 딸이 태어났을 때 마트 주차장에서 만난 아줌마들이 내게 시간이 앞으로 빨리 갈 것이니 매 순간을 즐기라고 말하는 것을 듣고 귀에 거슬렸던 생각이 난다. 모든 순간을 즐기라니? 매일 밤 두 시간마다 잠에서 깨거나 아이가 열이 나 보살펴야 했을 때 그 불안감을 즐기기는 어려웠다.

"내가 낮잠을 자는 동안 자기들이 와서 이 모든 순간을 즐겨 보시지."

나는 이렇게 볼멘소리를 하곤 했다.

큰딸은 이 책을 쓰고 있는 지금 고등학교 1학년을 막 마쳤다.

이제는 피곤하고 심통 났던 그때가 너무나도 그립다. 끝도 없을 것만 같았던 일들이 이제는 다 끝나가고 있다. 바로 어제 큰딸을 태우고 발레 오디션에 가는데 아이가 이렇게 말했다.

"엄마! 졸업하기 전에 발레 오디션이 세 번밖에 없다는 거 아세요?"

나는 이렇게 말해줬다.

"오늘 오디션을 보고 나면 실제로는 두 번밖에 안 남은 거지. 2학년 때 한 번, 3학년 때 한 번."

"인생은 짧다. 그리고 인생은 길다.
하지만 이 순서대로는 아니다."_존 쾨닉

제노자인 현상은 내가 몇몇 비관습적인 긍정의 답을 한 결정에 영향을 미쳤다. 내 아이들이 아기였을 때 나는 밤에 아기를 돌보는 대신 학생들을 가르치고 싶었다. 하지만 아이들이 자라면서 나는 저녁에 아이들을 돌보는 시간을 다른 집 아이들과 추억을 만드는 것과 바꾸고 있다는 생각을 하게 됐다. 한창 댄스

코끼리를 먹는 방법

교사로 주가를 올리고 있을 때 제노자인은 내가 스튜디오에서 보내는 시간에 대해 다시 생각하게 만들었다.

시간이 갈수록 빠르게 흐른다는 생각을 하면 때로는 속도를 늦추고 그 순간을 즐기게 된다. 또 그 생각은 시간이 점점 없어지고 있기 때문에 나를 더 서두르게 만들기도 한다. 이를테면, 나는 어릴 때 아버지와 함께 보트로 만든 집을 리모델링한 적이 있다. 어린 시절의 추억 중 많은 부분은 아버지와 철물점에 간 것과 보트에서 라디오를 들으며 쓸모 있는 것들을 만들어내던 기억이다.

작은 집을 짓는 운동이 최근 전국적인 인기를 끌었을 때 나는 어릴 때 아버지와 집을 짓고 그 외의 작업을 함께하던 시절을 다시 재현해보는 게 어떨지 생각해보았다. 올해 아버지가 병원에 입원하는 일을 겪으면서, 나는 가능한 프로젝트에 대해 점점 더 많은 얘기를 했다. 하지만 그 프로젝트들 중 어느 것도 이루지 못했다. 그러던 어느 날, 사무실 밖으로 걸어 나가다 남편이 노가 달린 작은 트레일러를 주차장에 가져다놓은 것을 보았다. 카드는 없었지만 메시지는 분명했다. 한번 해보자!

일상적인 댄스 강습에서 한 발짝 물러나는 것에 대해 비관습적인 긍정의 답을 함으로써 나는 내 아이들과 풍부한 일상의 추억을 가질 수 있게 되었다. 작은 집을 짓겠다는 것에 대한 나의 비관습적인 긍정의 답이 아빠와 더 많은 추억을 만들 기회가 되길 바란다.

시간이 갈수록 빨리 흐른다는 생각을 하면 비관습적인 긍정의 답을 할 수 있게 된다. 내가 힘차게 움직일 거라는 기대를 받을 때 속도를 늦추는 것에 긍정의 답을 하든, 시간이 점점 없어지기 때문에 지금 무언가를 시작하는 데 긍정의 답을 하든, 시간의 가치를 저울질하며 매일 긍정의 답을 하는 것은 좋은 일이다.

—

보통 사람들 너머로 생각을 올려라

1972년 부동산 업계는 대졸 학력의 백인 중년이면서 중산층에 속하는 사람들이 독식하는 업계였다. '밴 샤크Van Schaak'라는 기업은 그런 인식의 정점에 있었다. 당시 대학을 막 중퇴한 데이브 리니거에게는 아내와 세 자녀가 있었지만, 밴 샤크에 있는 다른 중개인들이 가진 세련됨이나 경험은 없었다. 하지만 그는 부동산을 매매하는 데 탁월한 능력을 보였다.

몇 번 성공적으로 부동산을 판매한 후 리니거는 중개인들이 들인 시간과 노력에 대해 더 큰 혜택을 준다면 더 열심히 일할 것이라는 생각을 했다. 그는 중개인들이 매달 월급 대신 100% 커미션을 받는 새로운 시스템을 구축한다는 혁신적인 생각을 상사에게 제안했다. 그는 세상의 모든 중개인이 이런 시스템을 구축한 회사에서 일하고 싶어 할 거라고 믿었다. 그는 이런 보상 시스템을 그가 다니던 큰 회사에 적용하면 업계를 혁명적으로 변화시킬 수 있을 것이라고 확신했다. 그리고 실제로 거의 그렇게 됐다.

하지만 밴 샤크에서는 그렇지 않았다. 리니거의 상사는 그 제안을 거절했다. 오늘날 최고의 부동산 기업인 리맥스에 속한 96개 나라의 10만 명이 넘는 중개인들은 100%의 커미션을 받는데, 밴 샤크에서는 이런 일이 일어나지 않았다. 그 결과 밴 샤크의 경쟁력은 급격히 떨어졌다.

리맥스의 이야기는 단지 커미션을 주는 방식 때문에 비관습적인 것은 아니다. 모든 사람이 이길 수 있는 환경을 만드는 것은 리니거가 비관습적인 긍정의 답을 하게 만든 많은 결정의 핵심이었다. 그는 여성과 소수민족을 고용하는 데 긍정의 답을 했다. 당시 그 업계에서는 흔하지 않은 일이었다. 그리고 그는 중개인들이 자신만의 사무실을 가질 수 있게 힘을 실어주었다. 모든 리맥스의 전단지에는 중개인들의 이름을 앞에 내세웠다. 업계에서 큰 저항을 불러온 또 다른 아이디어였다. 그는 또한 프랜차이즈 사업에도 긍정의 답을 했다. 기존의 부동산 업계에서는 검증이 안 된 모델이었다. 하지만 리맥스가 독보적인 성장을 할 기회를 주고 리맥스 소속 중개인들에게 무한한 수입과 성장의 기회를 준 것은 바로 이 결정이었다.

성공으로 가는 길은 어려웠지만, 그 길은 꿈에 대한 흔들리지 않는 헌신에 바탕을 둔 것이었다. 그 길에는 개인적 비극, 업계의 몰락, 경제적 요동 등 장애물이 많았지만 비관습적인 긍정의 대답을 하는 태도가 이 모든 역경을 이겨내게 만들었고, 리니거와 그의 팀은 이 모든 도전을 이겨낼 때마다 더욱 더 강해졌다.

리니거의 최근 도전은 포도상구균 감염으로 사지마비가 된 상태에서 8달 동안 혼수상태에서 버티다 회복한 것이었다. 내가

코끼리를 먹는 방법

그를 만났을 때 그는 1년이 좀 넘게 재활치료를 받고 있었다. 그는 우리가 참여한 포럼에서 사람들에게 일어났다 앉기를 시키면서 오프닝 연설을 시작했다. 그는 이렇게 말하면서 사람들의 관심을 계속 유도했다.

"여러분이 이것을 할 수 있다면 세계적인 부자입니다."

경제적인 성공에도 불구하고 그는 진정한 부는 건강을 유지하고 삶을 같이 나눌 수 있는 사람들을 가지는 것이라는 메시지를 전달한 것이다.

나누는 것 또한 리니거가 아주 잘하는 일이다. 현재 리맥스는 어린이의 기적 네트워크 병원을 위해 1억 3천만 달러 이상의 자선 기부 활동을 하는 상장 회사다. 리맥스는 또한 좋은 평가를 받고 있는 개인 골프 코스인 생크추어리Sanctuary를 1997년 개장해 그동안 수백 개의 기관을 위해 6천만 달러를 모으는 자선행사를 열기도 했다.

40년도 더 전에 리니거가 한 비전에 대한 작은 긍정의 답과 리맥스를 세우면서 내린 그 모든 비관습적인 긍정의 결정들은 그를 업계의 전설로, 개인적으로는 내 인생의 거인으로 만들었다.

이 이야기에서 나오는 큰 숫자들에 너무 감탄하거나 기가 죽을 필요는 없다. 리니거의 여정에 적용되는 같은 진실이 당신에게도 적용되기 때문이다. 차별화된 기업을 만들기 원한다면 당신의 생각을 보통 사람들의 구름 너머로 올려야 한다. 당신의 생각이 다른 사람들에 의해 무시당하는 것에 대비해야 한다. 무시당한다고 해서 실망해서는 안 된다. 거절당하는 것도 쓸 데가 있다. 당신의 소명을 확인시켜주고 비관습적인 긍정의 답을 준비할 수 있게 해주기 때문이다.

—

같은 재료로 다른 결과를 만드는 법

여기 재미있는 연습 문제가 있다. 다음 재료 목록을 보자.

• 밀가루, 베이킹파우더, 소금, 설탕, 달걀, 기름, 물

이 재료로 무엇을 만들려고 하는지 짐작이 가는가? 팬케이

크? 아마 그럴지도 모른다. 피자 크러스트? 그럴 수도 있다.

재료를 어떻게 배합하는가에 달려 있다. 똑같은 재료도 다른 비율로 사용하면 전혀 다른 결과가 나온다. 달걀, 베이킹소다, 설탕을 더 많이 쓰면 아침 식사가 된다. 물과 베이킹소다를 줄이고 달걀을 풀면 저녁 식사를 위한 기본 준비가 된다. 같은 재료로 아침에는 팬케이크, 밤에는 피자 크러스트를 만들 수 있다.

인생은 빵을 굽는 것과 비슷하다. 우리는 각자 다른 배경과 환경을 가졌지만 사용할 재료는 모두 같다. 그 재료란 시간, 에너지, 재능, 지능, 자원과 기회다. 물론 누군가는 그중 일부 재료를 더 많이 갖고 있다. 하지만 각각의 재료를 얼마나 갖고 있는지에 상관없이 이 6가지 재료로 무엇인가를 만들 수 있다. 그런데 왜 어떤 사람은 똑같은 재료를 가지고 대작을 만드는 반면 어떤 사람은 형편없는 것을 만들까? 나는 그 이유가 비관습적인 긍정의 답과 관련 있다고 생각한다.

웨스 모어는 자신의 유명한 책《또 다른 웨스 모어The Other Wes Moore》에서 이에 대해 썼다. 저자는 존스 홉킨스 대학을 졸업하고 로즈 장학금 수혜자가 된 최초의 흑인으로 찬사를 받았다. 그런데 같은 날 동명이인이 경찰관 살해 혐의를 받아 신문에 실렸다. 저자는 그 일을 오랫동안 잊지 못했다. 그래서 그는 다른 웨스 모어에게 편지를 썼고 그들이 주고받은 편지가 책의 기초가 됐다.

두 사람은 많은 부분에서 비슷한 배경을 가지고 있었다. 둘 다 아버지 없이 자랐으며 학교에서 말썽을 부렸다. 하지만 저자는 어느 순간부터 환경이 자신에게 준 길을 따라가는 것을 멈추고 가족, 교사, 친구들이 설정해준 더 높은 기대치를 따라가기 시작했다. 비관습적으로 선회한 후 시간이 지나면서 긍정적인 효과를 내기 시작했으며, 결국 그는 다른 웨스 모어와는 완전히 다른 운명을 가지게 됐다.

두 웨스 모어가 가졌던 재료와 똑같은 인생의 재료를 당신은 갖고 있지 않을 수도 있다. 하지만 당신은 어떤 환경이라도 거부할 수 있는 똑같은 기회를 가지고 있다. 비관습적인 긍정의 답을 생각하자. '이런 환경에선 이렇게 될 것이다'라고 생각되는 것을 넘어설 수 있다면, 당신에게 주어진 재료들로 무엇을 만들 수 있는지 발견할 것이다.

당신의 소명은 이상해도 좋다

작은 긍정의 답을 하는 여정은 거창해 보일지 모르지만 그저 그럴싸하게 장식한 평범한 상식에 불과하다. 나만이 세상에 할 수 있는 기여가 무엇인지 궁리하고 작은 긍정의 답으로 그 소명을 향해 길을 떠나는 것, 그건 지극히 상식적이라 이상할 게 없다. 사실 당신이 왜 여기 있는지 생각하지 않는 것이 더 이상한 일이다. 그 소명을 이루려고 어떤 것도 하지 않는 게 더 이상한 일이다.

이 책에서 내가 이미 언급한 것들을 떠올려보자. 정신을 딴 데 쓰게 만드는 것들과 싸우는 법, 최선의 긍정의 답을 하고 그것을 일과로 발전시키는 일 등이다. 또한 배운 것은 실천에 옮겨야 한다는 것을 보여주었다. 살아 있는 개구리를 먼저 먹고, 당신의 연을 잡아줄 줄을 얻고, 피곤할 때는 쉬라고 했다. 이 모든 것이 논리적이지 않은가. 내가 시골 출신이라 마음이 따뜻해서 그렇거나 할아버지가 노르웨이 출신이라 실용적이라서 그럴 수도 있지만, 나는 단지 논리적으로 말이 되는 일을 해야 한다고 굳게

믿을 뿐이다.

하지만 살면서 당신이 해야 한다고 생각하는 일이 말이 안 된다면 어떨까? 당신이 소명을 느끼는 일이 기존의 직업군에 없거나 주변 사람들을 다소 불편하게 만드는 일이라면 어떨까? 그래도 당신은 비관습적인 긍정의 답을 한 후 어떻게든 밀고 나가야 한다.

당신의 소명은 다른 사람들의 소명과 비교 그래프를 그려 평가되는 게 아니다. 타인의 소명이 나의 소명보다 더 많은 돈을 번다고 해서 더 가치가 높은 게 아니다. 타인의 소명이 나의 소명보다 더 많은 사람들을 다룬다고 해서 더 좋은 점수를 받는 것도 아니다. 내 소명의 가치는 그 소명이 얼마나 많은 돈을 버는지에 의해, 얼마나 많은 찬사를 받는지에 의해, 얼마나 많은 추종자가 있는지에 의해, 또는 그 종착점이 얼마나 매력적인지에 의해 평가되는 것이 아니다.

당신이 정말 어려운 일을 하도록 소명을 받았다고 확신한다면, 즉 너무나 비관습적이어서 친구들과 가족이 당신이 제정신인지 의심하게 만들 정도라면, 당신은 비관습적인 긍정의 답에 기대어 그 일을 해내야만 한다. 나는 그렇게 해온 사람들을 알고 있으며 그들의 이야기는 매일 내게 영감을 주고 있다.

내 남편 미치도 그런 사람들 중 하나다. 기술 교육 교사라는 직업을 가진 남편은 2011년 교환 방문 프로그램으로 아이티의 시테 솔레일에 간 적이 있다. 테레사 수녀가 서반구에서 가장 가난한 슬럼 지역이라고 부르기도 했던 이 지역의 한 학교에 후원을 모으기 위해서였다. 그날 남편과 같이 여행을 한 모든 사람의 눈이 학교의 학생들을 보고 있을 때 남편의 눈은 학교 밖의 젊은이들을 보고 있었다.

남편은 그 학교를 후원하는 것이 가치 있는 일이라는 데 동의했고 학생 몇 명의 후원자가 되기로 서명까지 했다. 하지만 판자로 지은 그 학교 학생들 대부분이 졸업해도 취직을 할 곳이 없다는 점을 알게 됐다.

2010년 아이티 지진 때 남편은 아이티에 다시 가서 소실된 학교 책상을 만들어주는 여행을 했다. 그 여행이 끝날 무렵 남편은 3개의 책상을 만들었다. 나중에 남편은 그곳의 남자들이 남편이 남긴 도구를 가지고 책상 23개를 더 만들었다는 소식을 들었다. 그 순간 남편은 그들을 위해 자신이 직접 가서 일을 하는 것보다 그곳 사람들을 가르쳐 그들이 미래를 스스로 만들어나갈 수 있도록 하는 것이 자신의 소명이라는 것을 깨달았다.

남편은 아이티로 돌아가 그들에게 용접을 가르쳤다. 그들이 일거리를 찾고 자신들의 사회를 다시 세울 수 있도록 돕기 위해서였다. 그렇게 그곳 주민들 손으로 책상, 의자, 문, 흔들의자, 정수기 등이 만들어졌다. 그들은 훼손된 거리 입구에 커다란 아치형 문을 만들기까지 했다. 사람들에게 비전을 선포하기 위해서였다. 자신들의 사회를 위한 최선의 희망을 나타내고 있었다.

남편은 그 여행을 즐겼지만 미국에서 전업 교사직을 유지하면서 아이티에서 가르치는 일을 계속하기는 힘들었다. 논리적으로 보면 남편은 여행을 줄이고 미국에서 교사 일을 계속해야 했을 것이다. 그러나 그는 15년 동안 해온 교사 일을 버리고 글로벌 그라운드워크라는 비영리단체를 시작하는 데 비관습적인 긍정의 답을 했다. 집에는 아이가 다섯 있고, 사업을 하는 아내가 있는 상태에서 가정에서 유일하게 일정한 월급과 혜택을 받던 직장을 포기한 남편의 결정은 가벼운 결정은 아니었지만, 옳은 결정이었다.

코끼리를 먹는 방법

남편이 미국의 교사직이 주는 안정에서 벗어나는 것에 비관습적인 긍정의 답을 하지 않았다면 그는 현재 하고 있는 일을 하지 못했을 것이다. 아주 오래 전 판자로 지은 학교 밖에 서 있던 젊은이들은 건너편에서 직업학교와 커뮤니티 센터를 짓기 시작했다. 남편은 처음에는 책상을 만드는 데 작은 긍정의 답을 했고, 그들이 책상뿐 아니라 자신들의 미래를 만들어내도록 교육하는 데 또 한 번 긍정의 답을 했다. 현재 그 프로젝트를 했던 젊은이들은 직업을 찾거나 작은 사업을 시작하고 있다. 남편이 자신의 소명을 따랐기 때문에 가능한 일이다.

남편의 이야기는 당신의 소명이 세상 사람들에게 다소 낯설어도 괜찮다는 것을 잘 보여준다. 둥근 구멍에 네모난 말뚝이어도 괜찮다. 실제로 당신의 소명을 따르려면 그래야 할지도 모른다. 오해받는 것에 편안함을 느끼고 다른 사람들이 부정의 답을 할 때도 스스로에게 기꺼이 긍정의 답을 하라. 비관습적인 긍정의 답은 일반적으로 행해지거나 믿어지는 것에 부합하지 않는다.

아주 작은 긍정의
답이 만드는 나비효과

ONE small YES

가장 작은 긍정의 답을 하겠다는
결정만으로도 미래에 허리케인 수준의
효과를 일으킬 수 있다.

10대일 때는 물론이고 갓 성인이 됐을 때도 나는 내가 할 수 없는 것들이 너무 많다고 느꼈다. 내가 하고 싶었던 일은 내 경험, 재능, 자원에 비해 너무 큰일이었기 때문에 나는 '가장 작은 긍정의 답'으로 시작해야 했다. 가장 작은 긍정의 답이 논리적이라서, 혹은 그것이 언젠가 책이 될 것이라고 생각해 그 대답으로 시작한 것은 아니다. 내가 가장 작은 긍정의 답으로 시작한 것은 내게 다른 선택의 여지가 없었기 때문이다. 말 그대로 나는 속으로 이렇게 생각했다.

'내가 이 모든 것을 할 수 있을지는 모르겠어. 하지만 뭐든지 할 수는 있으니까 일단 시작하는 게 낫겠어.'

그때 이후로 나는 가장 작은 긍정의 답이 가장 강력한 긍정의 답이 될 수 있다는 것을 깨달았다. 원래의 노력보다 기하급수적으로 더 커진 결과를 만들어내기 때문이다. 과학자들은 이 현상을 '나비효과'라고 부른다. 허리케인처럼 거대한 어떤 것도 나비의 날갯짓 같은 작은 것에 의해 영향을 받을 수 있다는 것이다. 가장 작은 긍정의 답도 마찬가지로 나비효과를 일으킨다. 긍정의 답 중 가장 작은 것이 가진 영향력을 과소평가해서는 안 된다.

이번 장에서는 자신의 소명이 너무 크다는 두려움과 싸우는 방법, 그리고 긍정의 답으로 그 두려움을 다스리는 방법을 보여주려고 한다. 자신이 사랑하는 삶과 사업을 성장시키는 방법과 소명을 지키는 방법을 공유할 것이다. 당신은 긍정의 답을 하는 마음가짐을 갖는 것이 얼마나 중요한지, 당신이 걸어온 거리를 측정하는 것이 어떻게 당신을 옳은 방향으로 이끄는지 알게 될 것이다. 가장 작은 긍정의 답만으로도 소명의 크기에 상관없이 시작할 수 있다. 계속해서 전진하고, 목표에 닿거나 그 이상을 성취할 수 있다.

가장 작은 긍정의 답부터 시작하자

자신의 소명이 너무 크고, 대담하고, 이루기 힘든 일이라면 이 책을 읽으면서 몇 번이나 의문이 들었을 것이다. 지금 당장 두려움을 잠재워보자.

물론 당신의 소명은 너무나 크다! 당신의 소명이 당신이 현재 가지고 있는 능력과 경험의 크기에 들어맞는다면 그것은 소명이 아니라 '상황'이라고 할 수 있을 것이다. 이미 당신에게 일어난 어떤 것이거나 당신에게 닥친 일이지, 당신이 이루려는 것은 아니다.

소명은 다양하게 진열된 것들 중에서 고르는 게 아니다. 이번 생애에서 당신이 될 수 있는 모든 것을 적어 주머니에 넣고 다닐 수 있는 것도 아니다. 소명은 일종의 목적지다. 당신만이 태초부터 하도록 설계된 무언가다. 시간의 시작에서 끝까지, 전체 스펙트럼이 하나의 커다란 퍼즐이라고 상상해보자. 그리고 우리 각자는 이야기가 완성되었을 때 그 이야기를 구성하는 특별한 조각이라고 생각해보자. 나의 조각과 당신의 조각은 생긴 게 다르다. 그래서 내 조각이 들어맞는 곳에 당신이라는 조각은 맞지 않을 것이다. 우리는 모두 삶이라는 퍼즐을 이루는 특별한 조각을 가지고 있다.

당신은 당신의 여정에서 여러 도전에 직면하게 될 것이다. 하지만 당신이 감당할 수 있는 가장 작은 긍정의 답을 하겠다는 결정만으로도 미래에 허리케인 수준의 효과를 일으킬 수 있다. 나비의 무작위적인 움직임이 전 지구적인 기상 상태에 영향을 미칠 수 있다면 목적을 가진 당신의 의도적인 작은 움직임은 결국 당신이 이 세상에 남기도록 예정된 자취에 영향을 미칠 것이다.

당신이 생각하는 소명이 너무 크다고 생각하는가? 잠시만 생각해보자. 좋은 일은 더 좋은 일이 되고 작은 일은 결국에는 훨씬 더 큰 일이 된다. 댄스 스튜디오를 연다는 나의 첫 소명은 당시의 나에게는 엄청나게 큰 것이었다. 하지만 이제 그 일은 전 세계의 댄스 스튜디오 운영자들을 교육한다는 더 큰 소명에 비하면 작아 보인다. 게다가 전 세계에 있는 댄스 스튜디오 협회를 이끄는 데 자신감을 갖게 되자 나의 소명은 다시 확장됐다. 온라

코끼리를 먹는 방법

인 매거진을 통해 학생들을 가르치는 일을 포함하게 됐어도 별로 놀라운 일이 아니었다. 댄스 스튜디오 운영자들을 위한 우리의 서비스가 자연스럽게 확장된 것이긴 해도, 아무런 경험 없이 시작한 일인데도 말이다.

내 소명이 온라인 매거진을 통해서 학생들을 가르치는 일로 확장되었을 때 나는 다시 한 번 가장 작은 긍정의 답을 했다. 나는 그런 사이트를 만드는 방법은 몰랐지만 도메인 등록업체 사이트에서 2분이면 도메인 이름을 등록할 수 있다는 것은 알고 있었다. 도메인 이름을 등록한다는 데 작은 긍정의 답을 함으로써 작가, 편집자, 그래픽 디자이너, 사진가, 홍보 전문가, 웹 개발자, 비디오 작가를 고용해 내가 스스로 하지는 못하지만 머릿속으로 그리고 있는 것을 그들이 실현하도록 만들었다. 이를 포함해 더 큰 긍성의 답을 위한 일련의 결정을 할 수 있었다. 내가 방법을 알고 있는 유일한 일, 즉 도메인 이름을 등록하는 일을 하는 데 가장 작은 긍정의 답을 한 후 10개월 뒤, 이 웹사이트의 방문자는 50만 명을 넘어섰다. 내가 그 작은 긍정의 답을 하지 않았다면 내가 고용하려던 사람들은 일자리를 얻지 못했을 것이고 우리가 만든 고무적인 내용은 이 사이트에 접속한 젊은 학생들에게 전달되지 못했을 것이다.

나의 사업이 어떤 것이 될지, 이 세상에서 어떤 일을 할 수 있을지에 대한 내 비전은 내 재능과 자원을 넘어 여전히 확장되고 있다. 나는 내 비전의 다음 단계를 어떻게 현실로 만들 수 있을지 모르는 상황에 또다시 놓여 있다. 그러나 나는 나를 여기까지 오게 한 것에 의지할 것이다. 그것은 아직은 너무 작은 긍정의 답으로 보일지라도 또다시 긍정의 답을 하겠다고 결심하는 것이다.

당신의 가장 작은 긍정의 답은 무엇인가? 당신의 삶에 소명이 존재한다는 사실에 단순히 동의하는 것이든, 당신의 소명을 추구하기 위해 사업을 시작하겠다는 것이든, 가장 작은 긍정의 답은 당신이 이 세상에 자취를 남기기 위한 첫 번째 단계가 될 수 있다. 당신의 소명이 너무 크다고 두려워할 필요는 없다. 그 소명은 당신이 의미 있는 삶을 만들어내는 데 긍정의 답을 시작하도록 용기를 줄 것이다.

코끼리를 먹는 방법

코끼리를 어떻게 먹을 것인가?

"코끼리를 어떻게 먹을까? 한 번에 한 입씩."

내가 이 말을 처음 들은 것은 초등학교 때였다. 누가, 왜 코끼리를 먹으려고 하는지는 몰랐지만 큰 것을 작은 조각으로 자른다는 생각은 이해했다.

당신의 소명은 코끼리 같은 것이다. 한 입에 먹기에는 너무 크다. 당신의 소명 전체를 한 번에 다 다룰 수는 없다. 그렇게 하면 재미도 없을 것이다. 아침에 소명을 인식하고 저녁때면 완전히 이룰 수 있을까? 당신이 소명을 한 자리에 앉아 완수할 수 있다면 그것은 소명이 아니라 그저 단편적인 일에 불과하다. 당신이 소명을 하루아침에 이뤄낼 수 있다면 그 후 당신에게 남은 날에는 아무런 목적이 없어진다.

당신의 소명은 하나의 목적지다. 그리고 작은 긍정의 답을 한다는 마음가짐은 당신을 그 목적지까지 이르게 해주는 수단이다. 내가 살고 있는 위스콘신에서 캘리포니아까지 여행을 한다고 해보자. 캘리포니아에 가장 효율적으로 갈 수 있는 방법은 비행기를 타는 것이다. 비행기를 타면 불과 몇 시간 만에, 두 번만 갈아타면 위스콘신 곡창지대에서 캘리포니아 디즈니랜드로 갈 수 있다. 비행기를 탈 경제적인 여유가 없다면 기차를 타거나 차를 몰고 갈 수도 있다. 또는 '꼭 그래야 한다면' 자전거를 타거나 걸어서 갈 수도 있다. 그렇게 하면 엄청나게 많은 시간이 걸리고 여행이 아주 힘들어질 것이다.

소명을 추구하는 것은 위스콘신에서 캘리포니아로 여행을 하는 것과 비슷하다. 당신이 모든 자원과 재능을 가지고 있다면 그 여행을 하루 만에 끝낼 수 있다. 만약 당신에게 충분한 자원이 있고 그 소명을 짧은 시간 안에 완수할 수 있는 준비가 돼 있다고 느낀다면, 나는 묻고 싶다. 당신의 소명을 제대로 인식했는가? 그저 하루 동안의 즐거운 여행쯤으로 생각하는 건 아닌가?

나는 처음부터 자신이 소명을 따를 준비가 되어 있다고 느낀 사람을 본 적이 없다. 하루 만에 그 소명을 이룬 사람도 본 적이 없다. 지금까지 내가 만난 사람 중에 어떤 성취를 이루었거나 적어도 자기 소명을 향해 움직인 사람들은 모두 처음에는 어쩔 줄

몰라 하거나 준비가 덜 되었다고 느낀 사람들이었다. 그럼에도 불구하고, 그들은 한 번에 한 단계씩 나아가는 것에 긍정의 답을 했다.

당신도 똑같은 방법으로 자신의 소명을 따를 것이다. 비록 너무너무 작은 긍정의 답일지라도 작은 긍정의 답으로 시작하게 될 것이다. 보잘 것 없는 시작이라도 시작은 시작이다!

—

당신이 먹이를 주는 늑대가 이긴다

손자에게 삶에 대해 가르친 늙은 체로키족 족장에 대해 기원이 알려지지 않은 우화가 하나 있다. 족장은 손자에게 말했다.

"싸움은 내 안에서 진행되는 것이다. 그 싸움은 끔찍한 싸움이고 늑대 두 마리 사이에서 일어난다. 하나는 악한 늑대로, 분노, 부러움, 슬픔, 후회, 탐욕, 교만, 자기 연민, 죄책감, 억울함, 열등감, 거짓말, 잘못된 자부심, 우월감, 자기 의심 그리고 자아다. 다른 하나는 선한 늑대로, 기쁨, 평화, 사랑, 희망, 고요함, 겸손, 친절, 선의, 공감, 관대함, 진실, 동정심 그리고 믿음이다. 이 싸움이 너의 안에서도, 다른 모든 사람의 안에서도 일어난다."

손자는 잠시 생각하더니 족장에게 어떤 늑대가 이기느냐고 물었다. 늙은 족장은 대답했다.

"네가 먹이를 주는 늑대가 이긴다."

똑같은 싸움이 당신과 내 안에서도 일어난다. 그 싸움은 나의 정체성을 '내가 누구인가'와 연결시키는 것과 '내가 무엇을 하는가'와 연결시키는 것 사이의 싸움일 수 있다. 과거의 실수를 실패로 여길 것인가와 새로운 시작을 위한 연료로 여길 것인가의 싸움일 수도 있다. 무엇을 해야 할지 아는 것과 실제로 아는 것을 행동에 옮기는 것과의 싸움일 수도 있다. 마음을 흩트리는 행동에 굴복하는 것과 높은 가치를 가진 행동을 하는 데 시간을 쓰는 것과의 싸움일 수도 있다. 양말을 줍는 우리의 본성과 큰 바위를 움직일 필요성과의 싸움일 수도 있다. 언제 멈춰야 하는지 아는 것과 언제 속도를 높여야 하는지 아는 것과의 싸움일 수도 있다. 하지만 가장 중요한 것은 그 싸움이 소명에 대해 가장 작은 긍정의 답을 하는 것과 두려움 사이의 끔찍한

코끼리를 먹는 방법

싸움이라는 사실이다. 어떤 것이 이길지 예측하기 위해서는 늙은 족장의 답에 의지해야만 한다. '당신이 먹이를 주는 쪽'이다.

그렇다면 어떤 늑대에게 먹이를 줄 것인가? 당신이 이 책을 샀다면 선한 늑대에게 먹이를 준 것이다. 당신의 소명의 첫 번째 단계에 긍정의 답을 한다면 선한 늑대가 다시 먹이를 먹게 된다. 당신 생각에 지금 당장 너무 큰 것을 다뤄야 한다면 당신이 할 수 있는 가장 작은 긍정의 답이라도 선한 늑대에게 먹이를 줄 것이다. 또한 당신이 선한 늑대에게 먹이를 충분히 준다면 가장 작은 긍정의 답으로도 그 늑대는 더 강해질 것이다.

하지만 중요한 것은 단순히 선한 늑대가 더 강해진다는 것이 아니다. 뒤집어보면 악한 늑대에게 먹이를 주는 것을 멈추면 악한 늑대는 더 약해진다는 것을 알 수 있다. 당신의 나쁜 습관, 두려움, 의심이 더 약해지면 얼마나 좋겠는가? 이런 것들을 굴복시킬 수 있는 건강한 행동을 하기 위해 박사 학위가 필요한 것은 아니다. 단지 그것들에게 먹이를 주는 행동을 멈추기만 하면 된다.

이 우화를 들으면 내가 댄스 훈련을 받던 시절이 생각난다. 고등학생일 때 나는 다방면을 두루 알고 싶어서 모든 장르의 수업을 고르게 들었다. 나는 대체로 잘했지만 어느 하나에 아주 뛰어나지는 않았다. 대학 시절 나는 하버드대에서 여름 학기를 보냈고, 특별 재즈댄스 수업을 받기 위해 오디션에 지원했다. 이 과정이 끝날 때쯤엔 나는 재즈댄서처럼 움직였다. 몇 년 후 우리 댄스 스튜디오 탭 댄스 부문에 빈자리가 났다. 그래서 나는 내 안의 탭 댄서에게 먹이를 주었고, 결국 미국 탭 댄스 연구소 졸업반에서 공동 수석 졸업자가 됐다. 나는 타고난 실력을 가진 뛰어난 탭 댄서라고 할 수는 없었다. 하지만 2년 동안 집중적으로 이 분야에서 훈련한 결과 나는 그전에 하지 않았던 영역에 강점이 생겼다. 발레 교사 훈련 과정을 밟았을 때와 나중에 요가에 관심이 생겼을 때도 똑같은 일이 일어났다. 무엇이든 시간과 관심을 집중시키면 내 능력은 더 강해졌고 내가 무시한 부분은 더 약해졌다.

인간의 몸은 무엇을 먹든 그것에 반응한다. 실제 음식을 주는 것뿐 아니라 특정한 신체 활동을 먹이로 주는 것도 똑같다. '내가 먹는 것이 내가 된다'는 할머니의 말씀은 옳았다. 당신의 정신적 삶도 똑같다. 당신이 무엇을 먹이는가에 반응한다. 당신의 지식에게 먹이를 주고 부족함을 굶기면 기량은 늘어난다. 당신이 선한 늑대, 즉 훈련에 먹이를 주고 악한 늑대, 즉 자신에 대한 부정적인 이야기를 굶기면 긍정적인 결과는 늘어날 것이다. 당신의 믿음에 먹이를 주고 두려움을 굶긴다면 자신감이 자랄 것이다. 비록 아주 작은 긍정의 답만을 감당할 수 있다고 하더라도 당신의 마음에 좋은 것들을 먹이는 데 전념해보자.

—

종이에 천 번 베어 맞는 죽음

두 해 전 나는 토론토에서 열리는 '마스터마인드 토크MasterMind Talks'라는 행사에 참여할 기회를 얻기 위한 면접을 봤다. 그 이벤트는 소수만이 참석할 수 있는 자리였기 때문이다. 나 같은 보통사람은 이 시대의 가장 유명한 기업가들의 성공 스토리를 들을 수 있는 행사를 만든 천재적인 한 남자의 이야기가 궁금할 수밖에 없었다.

마스터마인드 토크는 비교적 새로운 벤처였기 때문에 나는 창립자인 제이슨에게 왜 그전에 스스로 만든 초대형 온라인 예매 회사를 떠났는지 질문했다. 제이슨의 대답은 솔직하고 분명했다. "나는 내가 혐오하는 사업체를 만들었어요. 좋아하지 않는 사람들에게 과시하기 위해 필요하지도 않은 것들을 사게 하는 기업이었지요. 결국 모든 일을 나도 모르게 놓아버렸어요. 특별히 대재앙 같은 사건은 없었어요. 종이에 천 번 베어서 죽음을 맞은 거지요."

제이슨의 첫 번째 사업이 천 번 종이에 베어 끝이 났다면 그의 새로운 사업은 천 번의 작은 긍정의 답을 하는 결정들을 통해 태어난 것이다. 제이슨은 첫 번째 사업체를 떠난 후 뭘 해야 할지 몰랐다. 하지만 그는 다른 종류의 삶과 사람들과 인생에서 의미 깊은 관계를 만드는 것에 자신이 긍정의 답을 하길 원한다는 것을 알고 있었다. 그는 호기심을 타고난 사람이었는데, 그 호기심이 그에게는 작은 규모의 사람들을 위해 일하고 그들에게 도움을 주는 소명이었던 것이다. 제이슨은 이번에는 사업이 아니라 사람에게 투자하기로 결정했다. 그에게는 자금이나 인맥

이 거의 없었지만 성공한 사업가들을 식사 자리에 초대해 사업에서 얻은 교훈을 이야기하게 만듦으로써 새로운 삶의 비전을 향해 한 발짝 나간다는 데 가장 작은 긍정의 답을 했다. 그는 처음 벤처 사업에 실패해 수십만 달러의 빚이 있었지만 자기 돈으로 이 모든 비용을 댔다.

오래 전의 이 작은 식사 자리는 제이슨이 자기 소명을 이루기 위한 길에서 행한 많은 작은 긍정의 답들 중 첫 번째였다. 또 다른 식사 자리에 긍정의 답을 하고, 계속해서 저녁 자리를 만드는 데 긍정의 대답을 했다. 라이브 이벤트를 시작하는 것에도 긍정의 대답을 했다. 세계에서 가장 유명한 기업가들이 그의 라이브 이벤트에서 연설하도록 제안하는 것에도 긍정의 답을 했다. 팟캐스트를 시작했고, 첫 번째 팟캐스트가 제대로 되지 않았을 때 다시 시작하는 데 긍정의 답을 했다. 베스트셀러 책을 쓰는 데도 긍정의 답을 했다. 또한 소규모 기업가 그룹을 선정해 정기적으로 멘토링을 하게 하는 데도 긍정의 답을 했다. 그 사이사이에 한 천 번의 긍정의 답을 빼고도 이렇게 많은 답을 했다. 그의 삶은 그전과는 전혀 달라졌고, 그에게는 가장 행복한 변화가 되었다. 그는

사업가들을 식사 자리에 초청해 자신은 물론 다른 사람들에게
기회의 삶을 제공하는 데 가장 작은 긍정의 답을 한 것이다.

—

전체가 아니라 다음에 할 것만 생각하라

최근 나는 전 해군 특수부대 요원이자 《쉬운 날은 없다No Easy
Day》와 《영웅은 없다No Hero》라는 베스트셀러의 작가인 마크 오
웬이 사적인 자리에서 리더십에 대한 교훈에 대해 얘기하는 것
을 들을 기회가 있었다. 그의 얘기를 들으면서 나처럼 평범한 사
람은 결코 이해할 수 없을 방식으로 작은 긍정의 답의 중요성을
알고 있는 사람이라는 것을 알게 되었다. 그리고 한 주가 지나서
나는 그와 한 시간 동안 전화 통화를 했다. 우리는 어릴 적 특수
부대 요원이 되고자 했던 열망, 복무 기간 동안 국가를 위해 한
14번의 여행과 그가 참가한 잘 알려진 임무들에 대해 얘기를 나
누었다. 그 임무 중에는 2009년 머스크 앨라배마 호 납치 사건
에서 필립스 선장을 구출한 것, 오사마 빈 라덴이 사망한 2011

년의 넵튠 스피어 작전이 포함되어 있었다.

마크는 해군 특수부대에서 조국을 위해 일한다는 자신의 소명을 추구하게 만든 것은 그가 해군 훈련을 받기 시작한 시절 얻은 작은 긍정의 답 때문이었다고 말했다.

"나쁜 상황에 처했을 때 필요한 것은 한 줌의 희망뿐입니다. 특수부대 훈련이 바로 그것이지요. 그 훈련은 극한 상황까지 몰리고 상황이 너무 안 좋아 더 이상 버틸 수 없다고 생각하는 바로 그때, 20분의 취침 시간이나 마른 옷을 줍니다."

해군 특수부대원이 되기 위한 필수 훈련인 기초 수중 폭파 훈련은 세계에서 가장 힘든 군사 훈련으로 알려져 있으며 탈락률이 75~80%에 이른다. 나는 마크에게 10명 중 2~3명만이 완수하는 훈련 과정을 어떻게 버텼는지 물어보았다. 그는 말했다.

"그만둔다는 생각은 한 번도 안 했습니다. 전체가 아닌, 오직 다음에 할 일만 생각했기 때문입니다. 이렇게만 생각했습니다. '기력을 회복하기 위해 할 수 있는 모든 것을 다 하고 다음 도전을 준비하자' 모든 것은 마음가짐에 달려 있습니다."

나는 특수부대 훈련 경험이 없다. 하지만 다음에 할 일에 긍정의 답을 하는 것만으로도 특수부대의 마음가짐을 얻을 수 있다. 당신에게도 극한 상황까지 몰려 더 이상 버틸 수 없다고 생각되는 시기가 올 것이다. 그때야말로 너무 큰 소명으로부터 초점을 좁히고 지금 당장 할 일에 가장 작은 긍정의 답을 할 때다. 가장 마지막까지 생존하는 사람, 즉 당신의 소명이 어려워질 때 포기하지 않는 사람이 되길 원한다면 마크처럼 훈련 사이에 기력을 회복하기 위해 할 수 있는 모든 것을 하면서 다음 긍정의 답을 할 준비를 계속해야 한다.

—

때론 얼마나 왔는지 뒤돌아보라

지난주 아들 맥스가 같이 카누를 타러 가자고 했다. 날은 상쾌하고 맑았으며 우리는 둘 다 운동이 필요했기 때문에 선착장으로 갔다. 우리의 무게 차이 때문에 배가 한쪽으로 기울기도 했지만 이내 안정적인 리듬을 찾았다. 그러나 10분 정도 노를 젓다 보니 목적지까지 가겠다는 내 결심에 의심이 들기 시작했다.

우리가 출발할 때 상쾌하고 신선했던 공기는 발이 차가울 정도로 변했고, 노를 효율적으로 젓는 데 실패해 발이 물에 젖었다. 해는 절벽 뒤로 지기 시작했고 어디에 카누를 대야 할지 도저히 알 수가 없었다. 우리는 계속해서 노를 저었지만 자신감은 점점 떨어지고 있었다.

그러다 어느 순간 나는 카누를 댈 곳이 안 보이는 상황에서 계속 노를 젓는 것보다 카누를 돌리는 것이 낫겠다는 확신이 들었다. 맥스에게 이 결정을 말하기 전에 나는 뒤를 돌아보았다. 그토록 짧은 시간에 이렇게 멀리 왔다는 것을 알고 나는 충격을 받았다. 우리 집이나 이웃집은 이제 보이지도 않았다. 멈추기에는 너무 멀리 온 것이다. 그렇다고 목적지에 얼마나 가까이 왔는지 정확히 알 수도 없었다. 하지만 우리가 출발지점에서부터 멀리 왔다는 걸 알게 된 것만으로도 땅에 다다를 때까지 움직일 수 있는 에너지가 생겼다.

당신의 소명을 따르는 것은 이 카누 여행과 매우 비슷하다. 포기하고 싶은 때가 있을 것이다. 하지만 뒤를 돌아보면 포기하기에는 너무 멀리 왔다는 것을 알게 될 것이다. 목적지에 도착할 수 있을지 확신이 서지 않는다면 여행을 하면서 때때로 뒤를 돌아보자. 당신이 얼마나 전진해왔는지를 확인해보자. 당신이 얼마나 멀리 왔는지를 보면 시작한 일을 끝낼 수 있는 새로운 에너지가 생길 것이다.

뒤를 돌아보고 당신이 얼마만큼 왔는지를 확인하는 것에는 또 다른 가치 있는 이유가 있다. TV 방송에서 이런 말을 들었다. "미래의 성공을 가장 잘 예측하는 것은 과거의 행동이다."

실제로 과거의 성공을 돌아보는 것에는 무엇인가 강력한 것이 있어서 미래의 긍정의 답에 연료를 제공해준다. 다음 긍정의 답을 할 에너지가 없다면, 피곤하거나 의심은 들지만 그럼에도 불구하고, 앞으로 발을 내딛었던 다른 시기들을 기억함으로써 용기를 얻을 수 있을 것이다.

나의 소명이 너무 크다는 두려움은 항상 있을 것이다. 하지만 당신은 가장 작은 긍정의 답을 통해 두려움을 없앨 수 있다. 선한 늑대를 먹이는 데 집중하고, 포기하고 싶을 때 계속해서 나아가기 위해 긍정의 답을 하는 마음의 힘을 이해해야 한다. 지나온 길을 세심하게 측정해 당신이 얼마나 전진했는지 추적하면서 의미 있는 삶을 향해 나아가야 한다. 그 어떤 소명도 너무 크지는 않으며, 그 어떤 긍정의 답도 너무 작지는 않다는 사실을 기억하자.

긍정의 답의 백미는
부정의 답이다

ONE small YES

당신의 시간을
잡아먹는 요구들에 부정의 답을
할 용기를 가져야 한다.

ONE Small *yes*

긍정의 답이 아무리 일상적이고 작고 비관습적이라고 하더라도 당신의 소명에 긍정의 답을 하기를 나는 응원한다. 긍정의 답은 당신의 소명이라는 목적지에 당신을 데려다주는 수단이다. 소명은 당신만이 이 세상에서 이룰 수 있는 특별한 것이다.

세상 사람이 다양한 것만큼 소명도 다양하다. 당신이 어떤 소명을 가졌는지에 상관없이 당신의 소명은 매일 내리는 작은 긍정의 결정에 의해 동력을 받을 것이다. 그리고 그 결정들 중 절정은 결국 당신 삶의 경로를 결정하게 될 것이다.

하지만 긍정의 답은 단순한 체크리스트나 공식이 아니다. 그것은 기술이기도 하다. 그리고 긍정의 답을 하는 기술에는 언제 부정의 답을 해야 하는지 아는 것도 포함된다. 부정의 답은 긍정의 답이라는 연에 붙은 줄이다. 긍정의 답을 해나가는 여정에는 함정이 산재해 있을 것이다. 언제, 어떻게 부정의 답을 해야 할지 알면 이런 함정을 피해갈 수 있다.

—

시간을 낭비하는 것에 부정의 답을 하라

나는 매달 전 세계의 사업체 소유주들에게 60~70통의 코칭 전화를 한다. 이 통화의 목적은 자신의 소명을 찾아내고 그 소명을 이루기 위해 의미 있는 행동 경로를 그릴 수 있도록 도와주는 것이다. 우리가 무엇을 해야 하는지 일단 알게 되면 이런 코칭을 받으며 작은 긍정의 답을 함으로써 제 궤도에 머물 수 있게 된다.

우리의 통화는 매주 많은 주제를 다룬다. 하지만 다른 어떤 주제보다 더 많이 나오는 주제가 바로 '시간이 주는 도전'이다. 표현을 다들 다르게 하지만 결국 공통점은, 할 일은 너무 많고 그 일을 다 하기에 하루가 너무 짧다는 당혹감이다. 당신도 그런 느낌에 익숙한가?

"방해받지 않고 일주일만 일할 수 있다면."

"다른 사람의 일을 하지 않고 내 일만 할 수 있다면."

"하루에 일할 시간이 충분하지 않아."

"계속 앞으로 나아가는 것이 내가 할 수 있는 전부야."

"나 정말 시간이 없다고."

당신이 내가 매주 대화를 나누는 사업체 소유주들과 조금이라도 비슷하다면 당신에게 시간이 부족한 것은 당신의 소명에 대해 너무나 자주 긍정의 답을 했기 때문이 아니다. 당신에게 시간이 부족한 것은 당신이 살고자 하는 삶과 어울리지 않는 일들에 긍정의 답을 했기 때문이다.

사람들은 왜 하고 싶지 않은 일에 긍정의 답을 할까? 그 이유는 다음과 같다.

- 의무감

- 죄책감

- 남들을 실망시키고 싶지 않은 욕구

- 달력의 빈 공간

- 대립 피하기

- 진짜 일 회피하기

- 기쁘게 해주려는 욕구

- 인상을 남겨야 하는 필요성

당신이 하는 모든 긍정의 답은 다른 어떤 것에 대해서는 자동으로 부정의 답이 된다. 그리고 그 다른 어떤 것은 당신의 가족 혹은 소명을 위해 일하는 것이다. 당신이 하고 싶지 않은 어떤 것에 지금 부정의 답을 해서 몇 분 동안 누군가를 실망시키는 것이 훨씬 더 오랫동안 당신 자신이나 가족을 실망시키는 것보다 나을 것이다. 당신의 시간을 잡아먹는 요구들에 부정의 답을 할 용기를 가져야 한다. 그렇게 하면 당신이 인생에서 가장 가치 있게 여기는 일들에 긍정의 답을 할 수 있게 된다.

—

긍정의 답을 하는 데에는 순서가 있다

당신의 소명에 긍정의 답을 하는 데는 많은 도전이 따른다. 하지만 당신이 인생에서 필요한 공간을 확보해 자신의 소명을 따르기 시작한다면 적절한 시간에 적절한 긍정의 답을 하고 싶을 것이다. 아버지는 일을 하기 위해서는 적당한 도구가 있어야 한다고 말했다. 그리고 일을 시작한 뒤에는 적당한 시기에 긍정의 답을 할 수 있어야 한다.

당신의 소명을 따르고 세상에서 차별화된 삶을 구축하는 것은 집을 짓는 것과 비슷하다. 모든 요소가 중요하지만 그것들을 모두 동시에 투입할 수는 없다. 우리 가족이 집을 지을 때 나는 건축업자를 앞서나가서, 현장에 있는 사람들이 준비도 되어 있지 않은데 물품을 배달시키곤 했다. 예를 들어, 나는 배선이나 스위치보드의 위치에는 관심이 없었다. 하지만 조명기구라면? 나는 집이 틀을 잡기 전에 조명기구들의 위치가 표시되기를 원했다. 집을 짓는 과정에서 내가 관심을 너무 늦게 보인 적도 있었다. 지금까지도 내가 창문이 있었으면 했던 자리에 쪽문이 있다. 너무 바빠서 건축업자에게 내 생각을 말할 시간이 없었기 때문이다. 우리 집에는 내가 잘못 판단해서 생긴 것들도 있다. 매일 나는 욕실을 보면서 생각한다.

"이 자쿠지 욕조를 쓸 사람이 있을까? 누가 시간을 내서 청소를 하지?"

집을 지을 때 논리적인 순서가 있듯 당신이 소명을 따라가면서 긍정의 답을 할 때도 순서가 있다. 긍정의 답을 해나가는 여정이 가지는 아름다움은, 전체가 아니라 다음에 할 일에 긍정의 답을 하기만 하면 된다는 데 있다. 그 여정에 대한 당신의 열정이 일의 순서를 흩어놓거나 역추적을 해야 하는 상황을 불러와서는 안 된다. 당신이 논리적인 순서로 소명을 구축할 수 있도록 부정의 답을 하는 법을 배워야 한다. 나중에 재건축을 하는 것은 비용이 많이 든다. 내 남편한테 물어보면 알 것이다.

나만의 독특한 능력을 발견하라

전략적 코치Strategic Coach의 설립자인 댄 설리번에 따르면 모든 사람은 다음 4개 영역 중 하나에 시간을 소비한다.

- 무능력

- 능력

- 뛰어남

- 독특한 능력

무능력은 좌절감과 쓸모없다고 느끼는 감정을 일으킨다. 능력은 무엇인가를 잘할 수 있는 역량을 갖고 있지만 아무리 열심히 해도 남들보다 앞서나갈 수 없다는 특징을 가지고 있다. 뛰어남은 타고난 재능에서 시작돼 성취를 하는 것으로 끝이 나지만, 그것이 반드시 열정이라고 할 수는 없다. 독특한 능력은 당신이 그 일을 사랑한다는 이유만으로 자연스럽게 얻어지는 것이다. 독특한 능력은 먹거나 마시기 위해 휴식을 취해야 한다는 생각도 하지 않고 오랜 시간을 보내게 하는 것이다.

무능력에 대해 말하자면, 내가 계속 좌절하는 영역이 식사 계획이다. 나는 부엌에서도 손에 잡히는 거면 뭐든 들고 안무를 짜기 때문에 살면서 한 번도 식사 계획을 짜본 적이 없다는 농담을 한다. 사실은 7인 가족을 위해 7일치의 식사 계획을 짜는 것은 나처럼 큰 그림을 그리는 여자에게는 너무나 세부적인 일이라서 그렇다. 그래서 그 대신에 나는 내 아이들이 "엄마! 집에 먹을 게 없어요"라고 노래를 부르기 시작하면 마트에 가는 것을 피하는 창의적인 방법을 찾는다. 생일 파티를 위해 식사를 계획한다는 생각만 해도 식은땀이 난다. 리스트를 만든다고 해도 생일 케이크 같이 진짜 중요한 것을 빠뜨릴 거라는 사실을 알기 때문이다. 추수감사절은? 아예 말도 하지 말자. 우리 가족은 그냥 할머니 댁에 간다.

능력에 대해서는, 대부분의 사람들이 내가 능력 있는 댄서라고 말할 것이다. 나는 많은 댄스 장르에서 나만의 영역을 유지할 능력이 있다. 하지만 아무리 많은 시간, 훈련, 노력을 투자해도

코끼리를 먹는 방법

뉴욕 시티 발레단과 공연할 정도는 못 된다는 것이 현실이다. 발을 구부리고 다리를 높이 올릴 수 있을 뿐이다. 스트레칭을 아무리 많이 해도 내 뼈의 배치를 바꿀 수는 없을 것이다.

뛰어남은 더 호기심을 자극하는 주제다. 댄은 대부분의 사람들이 이 뛰어남의 단계에서 경력을 끝낸다고 주장한다. 자신만의 독특한 능력을 결코 발견하지 못하기 때문이다. 나는 뛰어난 교사였다. 내가 아는 다른 어떤 교사보다도 감정적으로 그리고 육체적으로 학생들을 더 많이 밖으로 이끌어낼 수 있었다. 하지만 내가 아이들과 함께 집에 있기 위해 가르치는 것을 포기하기로 했을 때 나는 내가 사업 운영과 리더십에 훨씬 더 크고 독특한 능력을 가지고 있다는 것을 알게 됐다.

가르치는 것을 포기하자 나는 나만의 사업을 하고 리더가 되는 수밖에 없었다. 내 댄스 스튜디오에서 많은 반을 가르치지 않게 된다면 다른 사람들이 그렇게 하도록 훈련과 준비를 시켜주어야 했다. 그렇게 하면서 내게 다른 사람들을 훈련시키는 천부적인 재능이 있을 뿐만 아니라 그 일을 사랑하기도 한다는 사실을 알게 됐다. 현재 나는 나만의 독특한 능력을 내 팀만이 아니라 댄스 스튜디오의 리더들과 교사들을 훈련시키는 데 사용하고 있다.

무능력과 능력은 쉽게 눈에 띈다. 하지만 뛰어남과 독특한 능력의 차이점은 짚어내기 힘들다. 당신이 소명을 이루려 한다면 당신의 독특한 능력을 발견하고 발전시키는 데 긍정의 답을 해야 한다. 반면 당신의 무능력과 능력, 어떤 경우에는 뛰어남의 영역에서도 많은 시간을 쓰는 것에 부정의 답을 할 필요가 있을 것이다.

—

끊임없는 자극을 거부하라

자가 치료라는 용어가 처음 나온 것은 1985년 〈미국 정신과학 학회지〉에서다. 이 용어는 중독 증세가 있는 사람들은 약물을 선택할 때 치료하고 싶은 증상과 복용 후 느낌을 기준으로 할 것이라는 가설이다. 이 용어는 일반적으로 알코올, 담배, 일반의 약품, 약물 남용 등과 연결된다.

하지만 나는 더 미묘하고 사회적으로 용인되는 다른 형태의 자가 치료가 많은 미국인의 생활양식 중 하나가 되었다고 주장하고 싶다.

- 음식
- TV 프로그램
- 소셜 미디어(SNS)
- 넷플릭스
- 매거진
- 이메일
- 문자 주고받기
- 휴대폰
- 쇼핑

위의 목록에 있는 것들 중 어느 하나도 그 자체로 나쁜 것은 없다. 하지만 기분을 좋게 만들거나 복잡한 감정이나 상황을 회피하기 위해 하는 행동이라면 뭐든 일종의 자가 치료다. 사회적으로 용인되는 활동이라도 그렇다.

큰 소명을 가진 사람들은 많은 이유로 자가 치료를 하게 된다. 그 이유에는 우울증, 두려움, 부족함, 자기혐오, 질투, 압도당한다는 느낌, 준비가 형편없다는 느낌 등이 있다. 하지만 우리가 자가 치료를 하는 가장 큰 이유는 지루함을 물리치기 위해서이다. 이 말이 사실이 아니라고 생각한다면 마트 계산대에서 줄을 서서 기다릴 때나 빨간 신호가 바뀌기를 기다리는 동안 얼마나 많은 사람이 휴대폰을 꺼내 드는지 보라.

우리는 침묵에, 혼자 있는 것에, 배제되는 것에 편안함을 느끼지 못하는 세대가 되어버렸다. 심리학자들은 뭔가 신나는 일이 자신을 빼놓고 어딘가에서 일어나고 있다고 확신할 때 생성되는 불안감을 뜻하는 용어를 만들어냈다. 그것이 '포모FOMO'다. 뭔가 중요한 기회를 놓치고 있는 게 아닌가 하는 막연한 두려움을 뜻하는 용어다. 포모가 실재하는지 확신이 안 선다면 10대 아이들의 휴대폰을 뺏은 다음 그들이 경련을 일으키는 것을 지켜보면 된다.

당신의 삶에서 가장 좋은 것들에 긍정의 답을 할 수 있으려면

코끼리를 먹는 방법

자신이 압도당하거나 불안하거나 지루할 때 자가 치료를 하는 것에, 또는 휴대폰을 집어 들거나 넷플릭스 동영상을 몰아서 보게 하는 이유에 부정의 답을 해야만 한다. 세상에 당신의 자취를 남기려 한다면 자가 치료에 부정의 답을 하고, 자가 치료를 교묘한 긍정의 답으로 대체하기 시작할 때다.

—

혼자서 할 수 있다는 유혹

우리는 지금까지 당신의 우선순위들에 긍정의 답을 하는 것의 중요성을 여러 차례 다루었다. 이 중요성에 대해 알아보기 위해 나는 내 라이브 이벤트에 참석한 사람들에게 다음의 영역에 어떻게 우선순위를 매기는지 설문조사를 실시했다.

- 인생의 동반자
- 가족
- 친구

- 돈
- 직업
- 건강
- 레저
- 영적인 삶

나는 2년 연속 여러 그룹을 조사했다. 가장 점수가 높은 영역은 그룹에 따라 달랐지만, 가장 점수가 낮은 영역은 다음 두 영역이었다.

- 친구
- 레저

우선 나는 충격을 받았다. 내가 조사한 사람들은 어떤 종류의 삶을 살고 싶은지와 세상에 남기고 싶은 자신의 자취에 대해 매우 분명한 태도를 보이는 능력 있는 사람들이었다. 그들은 긍정의 답이라는 도전을 극복하고 자신의 소명에 필요한 하루하루의 훈련에 긍정의 답을 한 사람들이었다. 그들이 알게 된 도구들을 적용하고 필요할 때마다 비관습적인 결정을 내린 사람들이었다. 이 사람들은 어떤 그룹에 있어도 선두주자로 간주될 사람들이었으며 그것을 증명할 결과도 가지고 있었다.

하지만 자기 자신에 대해 긍정의 답을 하는 것보다 자기 소명에 대해 긍정의 답을 하는 것이 훨씬 더 쉽다. 많은 리더들처럼 그들은 사업체를 세우는 데는 뛰어나지만 그들이 도움을 주는 사람들 밖에서 의미 있는 관계를 구축하는 데 뛰어난 것은 아니었다. 리더의 자리는 속성상 외로울 수 있다는 것을 나는 매우 빠르게 알아챘다.

독자들이 이 책에서 아무것도 건질 것이 없다고 생각한다고 해도 이 말에는 꼭 주목했으면 좋겠다. 당신이 이 길을 혼자 갈 수 있다는 생각의 포로가 되어서는 안 된다. 나도 그렇게 해보았지만 잘되지 않았다. 혼자 가는 것을 시도한다면, 친구를 사귀기에는 너무 바쁘다는 핑계를 대더라도, 결국 당신은 지칠 것이고 당신의 소명에 대해 분개하게 될 것이다. 친구들은 당신이 소명과 건강한 관계를 유지하게 해주는 당신 능력의 필수적인 부분이다.

베스트셀러《위대한 나의 발견 강점혁명》의 저자 톰 래스는 《프렌드십》이라는 우정에 관한 책도 썼다. 래스에 따르면 우리에게는 한 명의 친구만 필요한 것이 아니다. 건강한 삶을 살기 위해서 우리는 여덟 종류의 친구가 필요하다.

- 당신에게 동기부여를 할 뭔가를 만드는 사람들
- 당신을 지원해줄 옹호자들
- 당신의 관심사를 공유할 협력자들
- 당신을 위해 항상 그 자리를 지키는 반려자들
- 당신이 원하는 것을 얻는 데 도움을 주는 연결자들
- 당신의 삶에 재미를 주는 에너지 넘치는 사람들
- 당신의 시야를 확장해줄 마음을 여는 사람들
- 당신에게 충고를 해줄 항해자들

항상 당신의 소명을 제일 우선순위에 놓고 당신 자신을 제일 마지막에 놓는 실수를 하면 안 된다. 친구들을 사귀기에 너무 바쁘다거나 친구 관계는 투자하기 나쁘다는 거짓말에 부정의 답

코끼리를 먹는 방법

을 하는 방법을 배워야 한다. 혼자서 해나갈 수 있다는 유혹에 부정의 답을 하는 것을 연습해야 한다. 당신의 소명을 완수하기 위한 여정에서 다양한 친구들에게 기대야 할 것이다. 따라서 지금부터 이런 관계를 구축해나가자.

—

당신이 한 일이 아니라 할 수 있었던 일을 생각하라

몇 주 전 나는 몇몇 친구들과 한 이벤트에 참석했다. 나는 그동안 내가 이룬 것을 발표하려고 몇 주간이나 준비를 했다. 그런데 이벤트 장소에 도착했을 때 친구 중 한 명이 이렇게 쓰인 티셔츠를 나눠주었다.

'당신이 해낸 것이 아니라 당신 능력으로 할 수 있었던 것으로 자신을 평가하라.'

아이고! 나는 그동안 잘못된 잣대로 스스로를 평가해온 것이 아닌가. 나는 계획대로 발표를 마쳤지만 티셔츠에 새겨진 말이 계속 떠올랐다. 집으로 돌아오는 비행기 안에서 나는 내 능력으로 할 수 있었던 일을 기준으로 나 자신을 평가해보았다.

돌아온 답은 실망이었다. 왜 실망했을까? 내가 더 많은 것을 할 수 있었다는 후회 때문에? 그것 때문만은 아니었다. 내가 더 많은 매출을 올리고 더 많은 사람에게 도움을 줄 수 있었으며, 그렇게 해야 했다는 것에는 의심의 여지가 없다. 하지만 나를 가장 실망시킨 것은 그것만이 아니었다.

진짜 이유는 바로 내가 더 나은 사람이 될 수 있었다는 생각이었다. 내 소명에 대해 하나씩 긍정의 대답을 하는 데 너무 집중한 나머지 내가 소명을 이뤘을 때 그 소명의 무게를 짊어질 수 있는 사람이 되는 데는 관심이 없었다. 내가 소명과 함께 도달할 곳은 전보다 더 많은 행운과 투지를 요하는 곳이라는 것을 알았다. 티셔츠의 문장은 나에게 아주 소중한 것을 알려주었다.

'내가 어디로 가고 있는 것인가에 신경 쓰는 만큼 내가 무엇이 되고 있는지 신경 써야 한다.'

나는 또 다른 친구가 해준 말을 떠올렸다. 그는 전국적인 대기업의 CEO였다. 그런데 몇 년 후 공항에서 그와 마주쳤을 때 그는 완전히 다른 업계에서 일하고 있었다. 나는 그에게 왜 그 자리를 떠나게 됐는지를 물어보았다. 그는 단지 사신이 그 무게감을 견딜 준비가 되어 있지 않았기 때문이라고 대답했다.

당신이 이룰 소명의 무게도 당신의 역량보다 더 클 수 있다. 당신은 그 일을 준비하기 위해 많은 것에 대해 부정의 답을 해야 할 것이다. 시간을 낭비하게 만드는 것들에 대해서 부정의 답을 해야 한다. 당신이 다른 사람들보다 소명을 이루는 데 더 관심이 있다는 이유로 일의 순서를 바꾸는 것에 대해 부정의 답을 해야 한다. 당신이 독특한 능력의 영역에서 일할 수 있는 데도 그저 '뛰어남'의 영역에만 머무르는 것에도 부정의 답을 해야 한다. 힘든 일이나 어려운 상황을 피하기 위해 자가 치료를 하는 것에도 부정의 답을 해야 한다. 그리고 가장 중요한 것은, 자기 자신에게 신경을 써야 할 때는 당신의 소명에도 부정의 답을 할 필요가 있다는 것이다.

긍정의 답을 위한 진정한 기술은 언제 부정의 답을 할지 아는 것이다.

당신의 삶은 생각보다
많은 것을 준비해놓았다

작은 긍정의 답으로 소명을 따를 때 당신의 삶이 어떻게 될지 그림을 그릴 시간이 왔다. 계속 앞으로 나아가 밝고 선명한 색으로 그림을 그려라! 당신의 삶은 당신이 바라거나 상상하는 것보다 더 많은 것을 준비해놓았다.

당신은 오직 당신만이 남길 수 있는 자취를 만들 소명을 타고났다. 때로 당신이 그 일을 감당할 수 없을 것이라고 믿고 싶은 유혹을 느끼겠지만 기억해야 한다. 당신은 충분히 할 수 있다는 것을. 모든 것을 할 준비를 당신은 갖추고 있다. 하나씩 긍정의 답을 이어가면서 앞으로 계속해서 움직이기만 하면 된다.

내가 부탁하고 싶은 건, 당신이 누구인지, 그리고 당신의 소명이 무엇인지 항상 알고 있어야 한다는 것이다. 당신이 누구인지는 긍정의 답을 하는 것만큼 당신의 소명에 중요한 의미를 지닌다. 당신의 정체성은 당신이 하는 일이 시간에 따라 달라진다고 해도 당신의 소명에 핵심적인 역할을 한다. 당신의 성격은 당신이 어떻게 소명에 접근하는지에 좋은, 혹은 나쁜 영향을 미친다. 따라서 소명을 위한 계획을 세워야 한다. 앞으로 긴 여정이 될 것이기 때문이다.

당신이 소명에 긍정의 답을 하는 데 방해될 일들은 잘라내길 바란다. 무엇이든 가능하다는 생각은 아직은 들지 않더라도 앞으로 반드시 찾아올 것이다. 자신이 해낼 수 없다는 생각도 언제든지 들 수 있다. 작은 시작을 무시하지 말아야 한다. 누구나 어디에선가 시작한다.

크고 긍정적으로 생각하되, 방해가 되는 행동을 선택하지 않도록 매일의 일과를 따르는 훈련을 해야 한다. 지식은 좋은 것이지만 지식만으로는 충분하지 않다는 것을 기억하라. 일을 계획하고, 그다음에는 그 계획대로 실천해야 한다. 다음 번 긍정의 답을 하기 전에 비용을 따져보는 시간도 가져야 한다. 당신이 치를 수 있는 비용보다 더 많은 비용이 발생할 수도 있기 때문이다.

당신이 할 수 있는 긍정의 답들 중에는 반드시 최선의 답이 있다. 그 최선의 답을 찾아내는 것이 당신이 할 일이다. 당신에게 주어진 제한된 시간과 자원을 어떻게 사용할지 선택할 때는 항상 이 말을 기억하라.

'좋은 것이 반드시 위대한 것은 아니다.'

항상 당신이 할 수 있는 최선의 긍정의 답을 한다면 실망하는 일은 없을 것이다.

인생은 힘들다. 인생은 또한 매일 펼쳐진다. 따라서 피곤하거나 용기를 잃을 때라도 자신의 소명에 계속해서 긍정의 답을 할 수 있도록 구체적인 전략을 만들어야 한다. 매일 아침 살아 있는 개구리를 먹고, 추진력을 잃었을 때 앞으로 나갈 수 있게 만드는 멘토와 동기부여자들에게 의지하라. 브레이크를 밟아야 할 시간이 있고 가속을 해야 할 시간이 있다. 휴식을 취하는 것은 소명을 포기하는 것이 아니다. 당신은 인간이기 때문이다. 우리는 하루에 평균 3만 5천 번의 결정을 한다는 것을 기억하라. 이 말은 오늘 당신의 소명에 긍정의 답을 할 기회가 3만 5천 번이 있을 것이라는 뜻이다. 그중 하나의 기회를 놓친다고 해도 바로 다음 기회를 잡아야 한다.

기대치를 낮추고 당신이 항상 모든 사람을 만족시키는 것은 가능하지 않다는 것을 이해하길 바란다. 이 진실은 빨리 그리고 잘 깨달을수록 좋다. 그 어떤 소명도 당신이 정신을 잃거나 가족을 잃을 만한 가치는 없다. 생활의 균형이 기울어지는 것에 편안해져야 한다. 그렇게 될 일이 많을 것이기 때문이다. 그리고 빛나는 모든 것을 사랑하기 위해 당신의 연에 쓸 줄을 찾아라. 친구, 배우자 또는 동료가 그 사람이 될 수 있다. 줄이 없는 연은 나무에 걸리기 마련이고, 나무에 걸린다면 어떻게 소명을 추구할 수 있겠는가? 진심으로 자기 자신을 위한 줄을 찾기를 바란다.

양말을 줍는 것을 오늘 당장 멈추고 바위를 움직이기 시작해야 한다. 손에 양말을 가득 쥐고 세상을 바꾼 사람은 없다. 그런 사람이 있었던가? 당신의 삶을 가지치기할 용기를 가져야 한다. 일정과 재정 상태를 살펴야 한다. 그것은 당신이 가장 중요하게 여기는 것에 대해 더 많은 것을 말해준다. 거기서 시작해 죽은 가지를 잘라내고 새로운 성장을 할 수 있는 공간을 확보해야 한다.

당신이 소명을 향해 여행하면서 비관습적인 결정을 내리는 데 필요한 의지를 확실히 확보하기를 바란다. 둥근 구멍에 네모 난 말뚝처럼 될 수도 있다. 따라서 오해를 받는 것에 편안해져야 한다. 결국 중요한 것은 누구의 여행도 아닌 당신 자신의 여행이기 때문이다.

시간은 빠르게 지나간다는 속성을 기억해야 한다. 중요한 시간을 위해서는 시간이 천천히 가도록 하고 놓치고 싶지 않은 것을 위해서는 시간을 빠르게 흐르도록 마음을 써야 한다. 그리고 자녀를 위해 시간을 쓰거나 부모님과 추억을 만드는 것에 대해 절대 미안한 마음을 가져서는 안 된다. 그것은 한 번밖에 쓸 수 없는 시간이기 때문이다.

소명의 크기에 압도될 때는 가장 작은 긍정의 답만 해도 계속해서 나아갈 수 있다. 매일 당신 안에서는 싸움이 일어나고 있다. 선한 늑대에게 먹이를 주어야 한다. 마음을 단단히 먹고 뒤를 돌아보면서 그동안 자신이 이룬 것들을 축하하라.

긍정의 답을 하는 진정한 기술은 언제 부정의 답을 할지 아는 것이라는 사실을 기억하라. 사람들과 방해물들이 당신의 시간을 훔쳐가도록 해서는 안 된다. 시간은 당신이 가진 가장 소중한 자원이다. 따라서 중요한 일을 하면서 시간을 써야 한다. 그 일은 당신이 독특한 능력을 발휘할 수 있는 일이다. 혼자 일해도 괜찮다. 하지만 당신의 친구들을 잊지 않아야 한다. 이 여정에서 당신은 친구들이 필요할 것이다.

내가 당신에게 그리라고 한 그림이 기억나는가? 당신이 소명을 따를 때 당신의 삶이 어떻게 될 것인지 생생하게 보여주는 그림이다. 당신은 당신의 길을 가고 있고 목적지에 도착할 것이다. 한 번에 하나씩 작은 긍정의 대답을 하면서 말이다.

작은 긍정의 힘

1판 1쇄 인쇄 2018년 8월 10일
1판 1쇄 발행 2018년 8월 24일

지은이 미스티 론
옮긴이 김정한
펴낸이 여종욱

책임편집 조창원
디 자 인 다성

펴낸곳 도서출판 이터
등 록 2016년 11월 8일 제2016-000148호
주 소 서울시 영등포구 선유로33길 2-2 아테네 101동 602호 (07268)
전 화 02-2679-7213 **팩 스** 02-2679-7214 **이메일** nuri7213@nate.com

ISBN 979-11-89436-00-1 03190

이 도서의 국립중앙도서관 출판시도서목록(CIP)은 e-CIP 홈페이지
(http://www.nl.go.kr/cip.php)에서 이용하실 수 있습니다. (CIP제어번호:CIP2018024163)

값은 뒤표지에 있습니다.
잘못 만들어진 책은 구입처에서 교환해 드립니다.

〈작은 긍정의 힘〉은 〈코끼리를 먹는 방법〉의 개정판 입니다